[BIBLI]OTHÈQUE DE LA BRASSERIE. — (4me VOLUME.)

LIVRE DE POCHE

DU

NÉGOCIANT

EN

VINS ET SPIRITUEUX.

PRIX 6 FRANCS.

— DÉPOSÉ. —

DÉDIÉ

à Messieurs les brasseurs,

par la Rédaction du MONITEUR DE LA BRASSERIE.

1870

BIBLIOTHÈQUE DE LA BRASSERIE.—(4me VOLUME.)

LIVRE DE POCHE
DU
NÉGOCIANT
EN
VINS ET SPIRITUEUX.

PRIX 6 FRANCS.

— DÉPOSÉ. —

DÉDIÉ
à Messieurs les brasseurs,
par la Rédaction du MONITEUR DE LA BRASSERIE.

1870

LIVRE DE POCHE
DU NÉGOCIANT EN VINS ET SPIRITUEUX.

ACERBE. Exprime la sensation désagréable au goût d'une boisson dont les matières premières n'ont pas atteint leur maturité.

AIGRE. Se dit d'une boisson qui tourne à la fermentation acide.

ALCOOL ABSOLU. C'est l'alcool complètement pur de tout mélange d'eau et à la puissance de 100 degrés centigrades.

APRE. Exprime la contraction qu'un liquide fait éprouver à la langue et aux joues quand on le déguste.

AROME. C'est l'odeur qui se dégage d'un liquide et qui est due à des gommes ou résines dissoutes naturellement ou artificiellement. L'arôme est toujours plus ou moins alcoolique.

BARRIQUE. Nom qu'on donne, à Bordeaux et dans quelques départements circonvoisins, à un fût qui contient de 220 à 230 litres. Il y a les bordelaises et les bourguignonnes.

BONDE DE COTÉ. C'est la position inclinée dans

laquelle on doit placer les fûts après soutirage, de manière à noyer la bonde dans le liquide et éviter son contact avec l'air.

BOUQUET. Odeur suave, plus fugace, plus déliée et plus variable que l'arôme.

LE CELLIER est le local où le propriétaire place les vins de sa récolte après leur sortie de la cuve; cet emplacement fait trop souvent suite au chai dont il devrait être éloigné lorsque les propriétaires conservent plusieurs récoltes, attendu que la fermentation de la vendange dans leur voisinage peut provoquer une fermentation qui, si elle n'est pas nuisible, oblige à des frais de soutirage dont on eût pu se dispenser avec une meilleure organisation.

LE CHAI est la portion du bâtiment qu'un propriétaire destine à l'emplacement des cuves et pressoirs, où on foule, presse et laisse fermenter la vendange. Il doit ouvrir au Nord et être maintenu, autant que possible, au plus égal degré de température.

LE MAGASIN est un local à fleur du sol ou légèrement creusé, où un marchand range les vins en pièces ou en bouteilles, qui sont destinés à être vendus et où les acheteurs viennent les goûter ou les reconnaître; il doit être sain, frais, proprement tenu et peu éclairé.

COLLAGE. Opération qui consiste à clarifier un

vin en précipitant, au moyen de certaines substances, telles que blancs d'œufs, poudres diverses, le sang et les gélatines, les parties qui masquent sa transparence.

Corsé. Se dit d'un vin charnu et spiritueux à la fois, et par opposition à vin léger et plat.

Qualité propre à certains vins, qui permet de les faire voyager sans qu'il en résulte aucune altération. Les vins qui sont corsés ou qui ont du nerf résistent aux intempéries des saisons; ils sont très-propres à rétablir des vins affaiblis ou usés.

Crêmant. On désigne ainsi les vins de Champagne qui ont une mousse fine et persistante.

Crudité. S'applique à un vin commun qui n'est pas encore prêt à être bu.

Cru. Territoire vignoble où l'on récolte un vin de même qualité. Le Bordelais désigne ses récoltes suivant leur mérite, par 1er, 2e, 3e, 4e et 5e crûs.

Délicat. Se dit des vins légers, bien que spiritueux, dont toutes les qualités sont en harmonie, mais qui n'ont pas de montant.

Dur. Exprime l'impression produite par un liquide chargé de tartre et de tannin.

Faible. Se dit des vins où la partie aqueuse domine, mais qui néanmoins peuvent avoir des qualités agréables.

Ferme. S'applique aux vins corsés qui n'ont pas encore acquis leur maturité.

Feuillette. Tonneau en usage à Bordeaux et en Bourgogne et qui varie en contenance de 114 à 140 litres environ.

Fin. Se dit des vins de qualité qui réunissent les conditions de délicatesse, de goût, de conservation et d'un arôme et bouquet agréables.

Franc de gout. Se dit d'un vin qui n'a d'autre goût que celui que lui a communiqué le raisin qui l'a produit.

Généreux. On qualifie ainsi les boissons qui ont, par leurs propriétés, la vertu de ranimer les forces et de rétablir les fonctions de l'estomac. Ce mot est quelquefois employé pour exprimer la richesse alcoolique d'un vin.

Gout de terroir. Goût donné au vin par la nature du terrain; le fumier employé pour le fertiliser, ou par les plantes adventices qui transmettent au cep de vigne les odeurs qui leur sont communes.

Marque. Ce mot sert à désigner le nom des maisons connues pour la vente des vins ou eaux-de-vie, des vins de Champagne principalement. Il sert encore à désigner les colis expédiés par la reproduction des marques ou chiffres sur les lettres de voiture.

Mariage. On dit que des vins se marient bien, lorsque de leur mélange résulte un composé qui se goûte franc de goût et se comporte bien sous le rapport de la limpidité et d'une certaine conservation.

Maturité. On dit cela d'un vin qui laisse dans la bouche un goût liquoreux qui est de sa nature, de son âge et de sa force.

Mécher. C'est faire brûler une mèche soufrée dans un tonneau pour en chasser l'air et prévenir la fermentation. Un fût n'est pas bon si la mèche ne prend pas.

Moelleux. Cette expression est usitée pour indiquer le caractère des vins qui ne sont ni doux ni secs; elle exprime encore la qualité de certains vins dont les parties constituantes sont devenues parfaitement homogènes et donnent au liquide ce velouté qui les rend très-agréables à boire.

Montant. Ce terme s'applique aux vins contenant beaucoup d'acide carbonique et dont les émanations se dégagent promptement pour monter au cerveau.

Mordant. Ayant de fortes qualités aromatiques et spiritueuses. Les vins qui ont cette qualité sont éminemment propres aux mélanges avec des vins faibles, auxquels ils communiquent leur qualité dans la proportion de leur volume.

Pateux. Se dit des vins qui n'ont pas assez fermenté et dont les matières albumineuses, quoique complètement dissoutes dans la masse du liquide, masquent leur saveur et les rendent peu digestibles.

Plat. Se dit des vins qui, bien que très-colorés, sont dépourvus de saveur et de spiritueux.

Piquant. Peut s'appliquer à certains vins très-secs, à ceux où le tartre domine. On dit encore d'un vin qu'il *pique* lorsqu'il commence à tourner à l'aigre.

Rafraichir. C'est ajouter des vins nouveaux sur des vins qui commencent à piquer.

Remonter. Exprime l'addition d'un vin plus généreux ou d'eau-de-vie sur un vin faible ou sur un mélange de petits vins.

Réveiller. Exprime l'addition, sur un vin ou un mélange de vins trop mous, de vin blanc propre à leur donner un goût de moustille.

Sève. Ce mot désigne un principe constitutif des vins de grande qualité. Si le bouquet est l'agrément de l'odorat, la sève, qui survit à l'introduction du liquide, est celui de la bouche et de l'estomac; sa saveur spiritueuse et embaumée laisse la bouche fraîche, et l'haleine ne se ressent pas de cette odeur vineuse que les vins communs et ordinaires lui communiquent.

Sophistiquer. C'est ajouter aux boissons des substances étrangères à leur composition pour en diminuer le prix et obtenir des bénéfices illicites. Rien jusqu'à ce jour ne prouve que ces additions soient dangereuses pour la santé, mais elles ont pour effet de diminuer le titre du liquide et de tromper sur la qualité de la marchandise vendue. Ce cas ressort de l'art. 423 du Code pénal.

On verra plus loin à l'article « Réactifs » les moyens de reconnaître les sophistications.

Soutirage. Cette expression s'applique à deux opérations. La première consiste à tirer du tonneau, aux époques les plus propices, tout le vin clair et y laisser la lie; la deuxième est l'expression consacrée à Paris pour désigner un mélange qu'on a collé et qu'on soutire pour le livrer. A Bordeaux, la première opération se dit *tirer au fin*.

Tannin. C'est un principe astringent qui se trouve en abondance dans l'écorce des arbres, dans le chêne et dans la noix de galle principalement. Tous les vins en contiennent en plus ou moins grande quantité; ceux qui en sont le plus pourvus sont plus durs, mais se conservent et supportent mieux le transport.

Tourner. Ce terme exprime une altération qui se manifeste dans certains vins, dont quelques parties constituantes sont en excès et où le spiritueux et le tannin sont trop peu abondants. La matière colorante en trop grande proportion, des sels trop neutres, sont autant de causes qui arrêtent ou entravent la fermentation; il reste des parties sucrées non converties en alcool qui, sous l'influence d'une fermentation latente, empêchent l'excès des parties colorantes ou neutres de se précipiter; alors, à la plus prochaine élévation de température, les vins tournent quelquefois. Les vins tournés sont très-propres à être convertis en eau-de-vie.

Velouté. S'applique aux vins qui joignent le moelleux, le corps et la finesse.

Vert. Se dit d'un liquide qui n'a pas atteint sa maturité ou dont le fruit n'a pas mûri. Impression désagréable produite sur la gorge par la dégustation d'un vin trop vert.

Vin sec. On donne cette qualification aux vins qui, comme les vins du Rhin, ont un goût légèrement piquant, mais agréable. Le madère sec n'est pas piquant; c'est par opposition à d'autres vins de cette île, qui sont plus doux, que cette qualification lui a été donnée. Un champagne mousseux sec n'est pas sucré.

Viner. C'est donner à un liquide une force vineuse dont il est dépourvu. On vine en versant des vins très-spiritueux sur des vins légers ou faibles, ou bien en ajoutant une certaine quantité d'eau-de-vie.

DES CAVES.

Conditions nécessaires pour l'établissement de bonnes caves.

A la manière dont un grand nombre de ces locaux sont établis, on est tenté de croire que bon nombre de propriétaires, négociants ou bourgeois, ne font aucune différence entre un magasin ordinaire et un cellier proprement dit. Mais il est possible, avec quelques précautions de remédier aux inconvénients qu'ils possèdent.

Une bonne cave ne doit être ni trop sèche, ni trop humide. Sa moindre hauteur de voûte ne doit pas descendre au-dessous de 3 mètres. Si l'air est trop humide, il est bon de le renouveler avec précaution ; car la vapeur d'eau, dont la pression s'exerce sur les douves du tonneau, finit par pénétrer lentement, mais sûrement dans ce dernier, et la détérioration du vin n'a souvent pas d'autres causes.

La ventilation des caves doit être faite de manière qu'aucun courant d'air ne vienne frapper les tonneaux, et la température ne doit pas descendre au-dessous de 35 degrés en hiver. Dans les caves sèches, la ventilation doit être exercée quand le thermomètre monte au delà de 55 degrés.

Principalement dans les grandes villes où le trafic est considérable, les caves sont agitées tout le jour par un va-et-vient continuel. Ceci ne peut guère être évité; mais une précaution importante que doit prendre le sommelier, c'est de tenir ses fûts entièrement remplis.

Dans tous les cas où l'ouvrier n'a pas immédiatement sous la main un vin convenable dont il puisse remplir les tonneaux qui présentent un vide, nous recommanderons une vieille pratique—bien ancienne, puisqu'elle nous vient de Caton — c'est d'avoir dans le cellier une provision de petits cailloux bien propres. Ce procédé a souvent amené un sourire sur les lèvres d'hommes légers, mais je connais bon nombre de planteurs soigneux, bons amis de leurs vins qui n'emploient pas d'autre moyen pour combler le vide fait par l'évaporation. Cette méthode est sous tous les rapports préférable au mélange d'un vin d'une espèce différente.

Les pierres, naturellement ne doivent pas être autres que des cailloux, c'est-à-dire du silex; elles doivent être bien lavées et réduites à un volume tel qu'on puisse les introduire facilement par le trou de bonde.

Inconvénients. Le gaz d'éclairage est un grand inconvénient dans une cave; non-seulement il absorbe une grande quantité d'oxygène, mais il produit beaucoup d'acide carbonique et de l'hydrogène carburé. La plus simple méthode pour empêcher ces gaz nuisibles de porter préjudice au vin, c'est de faire brûler un morceau de soufre bien pur et ne contenant pas d'arsenic, sur un petit plateau en fer. Cette opération répétée toutes les semaines, expulse les vapeurs nuisibles et a une heureuse influence sur le vin. Outre ces gaz, une cave sert quelquefois de magasin où l'on entasse des fromages, des oranges, des bières, des végétaux, etc., dont la présence est très-préjudiciable au vin à cause de son penchant à absorber les odeurs étrangères. En ce cas, la ventilation et le soufrage fréquents sont des moyens préventifs non-seulement utiles, mais encore nécessaires pour assurer la bonne conservation du vin.

Nous croyons au surplus qu'un négociant intelligent ne doit pas se borner à vendre sa marchandise sans autres soins que des soins généraux; il doit encore apporter dans ses relations tout ce qui peut consolider non-seulement les bons rapports, mais encore la position commerciale de ses clients. En leur fournissant donc des indications dans le genre de celles que nous venons d'énumérer, nous sommes sûrs d'éviter des pertes sérieuses dont le plus grand nombre sont bien souvent imputées au vendeur.

Précautions a prendre. Pendant la fermentation du moût, il se dégage une telle quantité de gaz acide carbonique dans les caves où elle s'opère qu'on y serait asphyxié si on y pénétrait imprudemment. Disons avant tout que si on y entre avec une lanterne allumée, qu'il faut tenir le plus bas possible, et si la bougie s'éteint, il faut se retirer aussitôt, car on y serait sûrement asphyxié.

Pour prévenir ce danger, il est bon d'étendre un peu de chaux fraîchement éteinte sur le sol de la cave. L'acide carbonique qui, étant plus pesant que l'air, occupe le fond de la cave, sera par ce moyen promptement absorbé. Des baquets remplis d'eau de chaux sont aussi une excellente précaution.

DES FUTAILLES ET TONNEAUX.

On ne pourrait apporter trop de soin et d'attention aux fûts vides, car c'est dans leur mauvais état qu'il faut presque toujours chercher la cause des goûts de moisi, de bois, d'acidité, etc., que contracte le vin. Avec un peu de précaution, on pourrait facilement éviter la plupart de ces conditions fâcheuses. On se garderait bien de ranger dans un meuble malpropre la moindre pièce de linge; pourquoi ne pas prendre le même soin pour un produit de valeur et infiniment plus susceptible de souffrir d'un mauvais contact?

Les marchands de futailles achètent toutes sortes de fûts bons et mauvais; ils en reçoivent du commerce qui les soigne après les avoir vidés, et du consommateur qui les laisse à l'abandon quand il en a retiré le vin. Toutefois le marchand de futailles paye en raison de la qualité, et s'assure en se livrant du bon ou mauvais état du fût.

Mais ce marchand répond du bon goût quand il revend, car il a le droit de demander un prix en rapport avec la qualité du fût, et il sait si le fût est destiné à loger du vin, de l'eau-de-vie, des huiles, etc. A cet égard, au reste, ce commerce se fait avec la plus grande loyauté, et si un fût a mauvais goût, il peut être loisible à l'acheteur de le laisser pour compte.

A l'époque des soutirages surtout, il est opportun de bien s'assurer du bon état de la futaille dans laquelle on place le vin, soit pour le garder, soit pour l'expédier.

Après ou avant d'avoir rincé un tonneau, il serait bon d'y jeter deux ou trois litres d'eau chaude, d'en faire imbiber toute la surface intérieure et égoutter cette eau; en la goûtant, on peut parfaitement juger si le fût à un goût de moisi, d'évent, de pourri ou de bois.

En soufflant fortement par la bonde dans l'intérieur et en se rendant aussitôt compte de l'odeur qui en sort, on peut encore apprécier l'état du fût. Si l'odeur vineuse est bien et franchement prononcée, le fût est bon à remplir. Si l'odeur en est fade ou mauvaise, il faut rejeter le fût ou le soumettre à une préparation.

On trouve toujours à vendre, pour un usage ou

pour un autre, un fût suspect de mauvais goût. Le marchand de futailles, lui, n'a aucun intérêt à livrer un fût de mauvais goût, qu'il peut toujours revendre pour ce qu'il l'a acheté, et il s'expose en ce cas à un laisser pour compte; les réclamations à cet égard sont fort rares.

Ceux qui vident des fûts peuvent apporter le plus important concours à empêcher la circulation des futailles viciées. Il suffit de bien égoutter la pièce vidée, de la mécher avec soin, de la boucher avec la même attention que si elle contenait du vin, et de l'emmagasiner dans un lieu sec. Il suffit, même après plusieurs mois, de resserrer les cercles, d'y ajouter ceux qui manquent et de rafraîchir par un léger rinçage l'intérieur de ce fût, pour qu'on puisse le remplir avec toute assurance qu'il n'a contracté aucun mauvais goût.

Manière de préparer les tonneaux neufs pour recevoir le vin.

1° Lavez le tonneau avec de l'eau froide, puis mettez-y 7 litres d'eau bouillante dans laquelle vous aurez jeté 500 grammes de sel (dose ordinaire pour un fût de 250 litres), bouchez-le et agitez-le en tous sens; videz-le et laissez bien couler l'eau; ayez ensuite un ou deux litres de moût qui fermente et jetez ce liquide bouillant dans le tonneau; bouchez, agitez et faites couler.

2° On peut substituer du vin chauffé aux préparations ci-dessus.

3° On peut encore employer une infusion de fleurs et de feuilles de pêcher.

En Bourgogne, on met le vin nouveau dans des tonneaux neufs, préalablement lavés avec de l'eau chaude et des feuilles de pêcher. Cette méthode a l'avantage d'imbiber le tonneau et d'épargner un bon litre de vin.

Les vins vieux ou faits doivent, quand on les soutire, être mis dans des tonneaux ayant déjà servi, par la raison qu'un tonneau neuf abandonne du tannin au vin qui y est mis; il faut donc éviter ce genre de logement pour les vins qui contiennent déjà assez ou trop de tannin.

Manière de conserver les tonneaux vides qui ont servi.

Lorsqu'on a vidé un tonneau, il faut le rincer, le bien égoutter, y brûler un morceau de mèche soufrée, le boucher ensuite avec autant de soin que s'il était plein de vin et le placer dans un endroit sec, surtout si on ne veut le remplir qu'après plusieurs mois. De cette manière il ne contracte aucun mauvais goût.

On emploie pour rincer les tonneaux garnis de lie une chaîne dont les chaînons sont faits en fer carré, et qui est terminée par un petit bloc du même métal, ovoïde et à huit pans. Après avoir versé de 12 à 24 litres d'eau dans le tonneau, on y introduit la chaîne dont l'extrémité est fixée à un bondon qui doit fermer la bonde et qui sert à la retirer. On agite ensuite le tonneau en tous sens, afin que la chaîne, en passant sur toutes les parties de la surface intérieure, en détache toute la lie qu'on veut enlever et laisse la gravelle bien nette. On la retire ensuite pour égoutter et après avoir visité l'intérieur du tonneau, on le rince jusqu'à ce que l'eau en sorte claire.

Pour enlever le goût d'aigre aux tonneaux.

On ouvrira la bonde pendant 24 heures environ, en tenant le tonneau renversé sur la bonde. On y fait ensuite brûler une mèche soufrée que l'on introduit par la bonde et que l'on ferme hermétiquement. Si la mèche continue à brûler, c'est que le mauvais goût a disparu; dans le cas contraire, c'est une preuve qu'il persiste, il faut alors répéter l'opération; si cette nouvelle tentative n'a pas de résultat, il faut y mettre une vingtaine de litres d'eau et y jeter deux douzaines de cailloux rougis au feu. Si après ces diverses opérations le goût d'aigre n'a pas disparu, il faut mettre ces tonneaux infectés au rebut.

Pour enlever le goût de futé.

On lave les tonneaux avec de l'eau bouillante dans laquelle on aura fait infuser deux ou trois poignées de chaux vive; on les agite dans tous les sens et on laisse séjourner l'eau alternativement sur chaque fond pendant quelques minutes et on laisse ensuite couler l'eau jusqu'à la dernière goutte. On les lave ensuite avec une infusion de fleurs de pêcher; on répète cette même opération trois ou quatre fois de suite.

Mais si le goût de futé est fortement prononcé, on doit défoncer le tonneau, en détacher la gravelle, gratter fortement les douves et les fonds et passer les joints sur la colombe; on remonte ensuite le tonneau avec de l'eau bouillante et ensuite avec plusieurs eaux claires.

Si ces opérations sont sans résultat, le fût infecte doit être mis au rebut.

Pour enlever le goût de moisi.

On peut employer avec succès des solutions de chlorure de chaux ou de potasse, qui ont la propriété de désinfecter les futailles. On les rince ensuite à plusieurs eaux et on y fait brûler une mèche soufrée avant d'y soutirer le vin.

Autre.

On peut encore enlever le goût de moisi aux tonneaux en les imprégnant d'une solution de 400 grammes d'acide sulfurique dans un litre d'eau, on agite en tous sens les tonneaux pendant une demi-heure, on laisse couler et on rince plusieurs fois à l'eau bouillante et à l'eau froide.

Autre.

On enlèvera, en général, tous les mauvais goûts en y introduisant 25 litres d'eau bouillante à laquelle on ajoute 1 kilogramme de bonne gravelle et 500 grammes de sel marin. On remue dans tous les sens et on ajoute 1 kilogramme de chaux vive, on remue de nouveau pendant dix minutes en laissant reposer cette eau sur chaque fond alternativement. Lorsque l'eau est entièrement refroidie, on vide jusqu'à la dernière goutte, on rince à plusieurs eaux froides, on laisse égoutter et on fait brûler une bonne mèche soufrée dans chaque tonneau.

Pour rendre les fûts de vin rouge propres à recevoir du vin blanc.

On verse dans les tonneaux 10 litres d'eau bouillante avec 2 grammes de chaux vive, on agite en tout sens comme il est dit précédemment, on vide et on rince avec 5 ou 6 eaux fraîches.

DE LA DÉGUSTATION DES VINS.

Quand on déguste un vin, tous les sens doivent apporter leur concours : la vue pour la couleur et la limpidité; l'odorat pour l'odeur; le goût pour la saveur, etc. Il n'y a qu'un long exercice de ces sens qui permette d'arriver à être bon gourmet. C'est une chose bien importante que de savoir bien déguster les vins. Aussi le décret du 15 décembre 1813 a-t-il institué des *courtiers-gourmets piqueurs de vins*. Leurs fonctions sont déterminées par la section V du décret.

Pour se livrer à l'opération de la dégustation dans de bonnes conditions, il faut être à jeun et en parfait état de santé. Si par une cause quelconque, l'opérateur sent que les facultés ne sont pas intactes, il doit déclarer n'être pas en goût et renvoyer l'appréciation à un moment plus favorable.

Procédé pour déguster les vins.

Un dégustateur émérite indique en ces termes comment on doit s'y prendre pour faire la dégustation du vin.

Le vin, introduit dans l'avant-bouche, la tête et le visage inclinés vers la terre, fait sentir aux bords intérieurs et à la pointe de la langue toutes ses saveurs acides, sucrées, stiptiques.

Toutes ces nuances réunies doivent plaire à l'organe en ne laissant dominer ni l'acide, ni le sucre, ni l'astringence. La tête étant relevée et portée en arrière, le visage en haut, le vin passe à l'arrière-bouche. C'est là que la faiblesse ou bien la force alcoolique se font sentir; c'est là que le goût du terroir, la fadeur des sels, l'amer, les goûts de fût ou de bouchon sont appréciés.

Si l'ensemble des saveurs plaît à l'arrière-bouche par l'absence de toute impression désagréable, il faut, pour achever la dégustation du vin, non pas rejeter le vin en le crachant, mais l'avaler, car aussitôt que le vin a franchi la base de la langue, le voile du palais et ses piliers, une odeur très-prononcée remonte du pharynx dans les fosses nasales et y porte des révélations nouvelles et plus puissantes que par le flair extérieur, sur les qualités ou les défauts du bouquet du vin. Au surplus, ce dernier contact du vin avec les muqueuses du pharynx et de la base de la langue, laisse une longue impression de saveur qui, lorsqu'elle est désagréable, est désignée sous le nom de *déboire*.

Si donc un vin est d'une limpidité parfaite et d'une couleur franche, si son odeur est agréable, si l'ensemble des saveurs acides, sucrées et astringentes plaît à l'avant-bouche par une fusion qui semble former une saveur unique comme plusieurs notes d'un accord parfait, si à cette première impression harmonieuse, l'arrière-bouche ajoute la sensation de chaleur et celle de la richesse vineuse sans que l'alcool y soit caractérisé, si enfin la déglutition couronne l'ensemble par un bouquet naturel sans être suivi d'aucun *déboire*, le vin est sensuellement bon. Il est imparfait s'il pêche en un seul point, et il est d'autant moins bon que ses acides, son sucre et ses sels s'isolent et se distinguent plus à la pointe de la langue, que sa platitude, sa froideur, ses huiles essentielles, ses goûts de terroir ou de fût et surtout de prédominence isolée de l'esprit se manifestent plus à la base, que son arrière-bouquet est moins agréable et que son *déboire* est plus intense et durable.

En outre de l'usage des sens, on se sert aussi de divers objets qui sont d'un secours très-utile, les principaux sont le *verre conique* et *la tasse d'argent*.

Le verre dont on se sert pour déguster les vins a intérieurement une forme conique très-prononcée, cette forme a l'avantage de concentrer et de renvoyer aux fosses nasales l'arôme du vin.

Le verre conique, tout en venant à l'appui de l'odorat, permet aussi à la vue de mieux apprécier la couleur et la limpidité du liquide.

La tasse d'argent tend aussi à faire apprécier la couleur à sa véritable valeur, et par la demi-boule placée au centre on reconnaît si le vin est bien alcoolisé et s'il n'y a pas eu addition d'eau, si le vin est bien alcoolisé on voit de petites bulles s'élever à la surface de la boule. Si au contraire le vin contient de l'eau on ne voit plus ces bulles à la surface de la boule.

On le voit, l'usage de ces objets aide puissamment à l'appréciation de la qualité du vin, ajoutez à cela la faculté d'essayer le vin au point de vue exact de sa richesse alcoolique et on reconnaîtra que tous ces moyens réunis permettent de connaître aussi exactement que possible les vins qu'on se propose d'acheter.

Nous devons donc conclure que tout commerçant doit s'exercer à goûter et pouvoir arriver à apprécier sûrement les liquides de son commerce.

Quant au consommateur dont l'instruction serait trop longue à faire, ce qu'il a de mieux à faire c'est de s'en rapporter à une maison honorable, celle par exemple qui le sert à son goût et qui le traite le plus favorablement sous le rapport du prix.

Précautions et soins à l'arrivée des liquides.

Précautions. Toute personne qui reçoit une marchandise à elle expédiée est censée en avoir fait la demande : si donc un marchand de vins ou même un consommateur reçoit un liquide à sa destination, il a le droit de la refuser s'il ne l'a pas demandé; dans le cas contraire tout envoi doit être examiné par le destinataire, il doit faire constater les avaries, s'il y en a et l'infériorité de la qualité si elle existe; à défaut de la présence de l'expéditeur, et si personne ne se présente pour lui, il est prudent de refuser l'envoi. La prise de possession équivaut à l'acceptation, et on ne pourrait ultérieurement se prévaloir d'une moins value qui n'eût pas été régulièrement constatée et reconnue à l'arrivée. Lorsqu'il n'y a pas lieu à réclamation dans ce cas, le destinataire doit s'assurer que toutes les formalités de régie ont été observées.

Soins. Les vins, surtout ceux qui viennent de loin, ont subi, dans le cours du transport, les influences plus ou moins fâcheuses des changements de température, des secousses causées par les voitures et surtout les chemins de fer, et enfin par les chargements et déchargements successifs qu'ils ont eu à subir. Ces circonstances peuvent influer sur le mérite des vins à leur arrivée et même les altérer gravement; ils ont besoin dans tous les cas de soins plus ou moins pressants. S'ils sont louches, il faut les soumettre à l'opération du fouettage et du collage, et s'ils ne sont que fatigués, il faut les laisser reposer, mais dans l'un et l'autre cas ne jamais négliger de les soutirer aussitôt qu'ils sont devenus limpides. Les lies qui se détachent du vin par les causes qui viennent d'être exposées sont plus légères que celles qui se précipitent au repos et sans dérangement; à la plus faible cause de fermentation elles peuvent remonter dans la masse du liquide et influer fâcheusement sur sa qualité et sa conservation.

Lorsque les vins ont été soutirés, on doit les placer sur des chantiers en ayant soin d'incliner la bonde de manière à la noyer dans le vin, afin d'intercepter toute communication avec l'air extérieur, au moins pour les fûts qu'on ne remplit pas tous les mois; si la bonde se trouve toujours dessus, le bois, en se desséchant, laisse, entre la bonde et l'orifice du tonneau, un passage par lequel l'air pénètre et vient se mettre en contact avec les couches supérieures du liquide, qu'il altère plus ou moins selon le temps que dure cette situation.

ENTONNAGE DES VINS NOUVEAUX.

Soins à leur donner.

Lorsque le vin n'est pas resté longtemps dans la cuve, la fermentation ne tarde pas à reprendre assez vivement dans les tonneaux; on la laissera s'y terminer en laissant libre l'ouverture qui sera plus tard fermée par la bonde. Ce travail n'est pas de longue durée; deux fois 24 heures pour les vins qui ont peu cuvé, une nuit seulement pour ceux qui ont séjourné plus longtemps dans la cuve. Il résulte de cette nouvelle fermentation un déchet qu'il ne faut pas tarder à remplacer, et à des intervalles d'autant plus courts qu'on est plus près de l'époque où le vin a été entonné. Quand la fermentation n'est pas sensible, dans beaucoup de lieux on se contente de mettre sur l'ouverture de la bonde une feuille de vigne assujettie par un morceau de tuile; mais il vaut mieux ne pas tarder à bondonner, pour arrêter plus sûrement l'influence du contact de l'air, qui devient alors pernicieuse. Dans le premier mois, on remplit ou l'on ouille toutes les semaines, et l'intervalle va en augmentant jusqu'au mois de mars, où généralement on soutire le vin avant de le transporter s'il est vendu, ou avant de le descendre à la cave si on le garde.

L'année d'après, non-seulement à Bordeaux, mais dans beaucoup d'autres vignobles, on tourne le poinçon un peu sur le côté de manière que le vide qui se forme, par une lente évaporation, ne réponde plus à sa bonde et que la partie interne de celle-ci baigne dans le vin.

Il paraît certain que le vin nouveau se comporte mieux au cellier qu'à la cave, du moins pendant les 4 premiers mois. Il est d'usage en Champagne et notamment à Bouzy, dont les vins rouges sont fort estimés, de remonter chaque année le vin au cellier pour y passer l'hiver tant qu'il est en cercles. Des propriétaires éclairés affirment que c'est le plus sur moyen d'éviter que leur vin prenne le goût d'absinthe.

En 1837, nombre de propriétaires, dont la récolte abondante n'avait pu être entièrement conservée au cellier, eurent à regretter vivement d'avoir été obligés d'en descendre une partie dans leur cave. Les marchands trouvèrent ce dernier vin bien inférieur à celui du cellier, malgré qu'on eût égalisé toute la récolte avec le plus grand soin par la distribution du vin de chaque cuvée dans tous les poinçons.

DU COLLAGE OU FOUETTAGE.

Collage des vins aux œufs.

MANIÈRES DE PROCÉDER.

On prend le blanc de quatre œufs pour chaque fût de 228 litres environ de vin qu'il s'agit de fouetter, on le mêle avec un demi-litre d'eau ou mieux avec un demi-litre de ce même vin, et on bat bien le tout. On ôte ensuite du fût environ quatre ou cinq litres de vin et on verse immédiatement à la place, le mélange préparé avec les blancs d'œufs. On agite le liquide contenu dans le fût à l'aide d'un instrument qui consiste en une barre de fer, longue d'environ sept à huit décimètres et un ou deux centimètres d'épaisseur ou de diamètre; l'une de ses extrémités doit être munie d'un anneau ou d'une poignée destinée à la faire mouvoir avec facilité, l'autre extrémité doit être garnie de touffes de crin d'un volume raisonnable et traversant perpendiculairement la barre de fer ainsi que sont disposés les barreaux du perchoir d'un perroquet. Cet instrument se nomme *fouet*, il coûte environ de 4 à 6 francs.

Il faut l'agiter circulairement de manière à imprimer au liquide un mouvement de va-et-vient.

Cette opération effectuée quatre minutes au moins jusqu'à dix minutes environ, on replace le bondon bien garni d'étoupe. On laisse reposer pendant quatre à cinq jours. Pendant ce temps tous les corps nuisibles au vin et qui se trouvaient en suspension dans le liquide tombent au fond, de telle sorte qu'au bout de ce temps le liquide se trouve clarifié. Il ne reste plus qu'à transvaser ce vin dans un autre fût, celui où il doit rester définitivement.

La précaution d'ajouter une poignée de sel marin au mélange des blancs d'œufs est bonne pour les vins nouveaux difficiles à clarifier, mais elle est inutile quand il s'agit de vins vieux.

Plus les vins sont colorés, plus il est avantageux d'employer des blancs d'œufs. Pour les Narbonne, les Cahors et les vins d'Espagne, on peut hardiment employer le blanc de six ou sept œufs.

Collage des vins blancs à la colle de poisson.

MANIÈRE DE PRÉPARER LA COLLE.

Pour faire trois litres de colle, prenez environ 8 grammes de colle de poisson en feuilles, première qualité, coupez-la en menus morceaux avec des ciseaux pour que les fragments se dissolvent plus promptement ; mettez-les dans un vase de faïence ou de terre vernissée, avec un demi-litre de vin blanc, de manière que tous les fragments baignent dans le liquide.

Au bout de 7 à 8 heures, la colle ayant absorbé le vin, on en remet une pareille quantité.

Après 24 heures d'infusion, la colle est suffisamment détrempée et forme une gelée. Il faut y ajouter 3 décilitres d'eau un peu chaude et la bien pétrir dans ses mains pour en compléter la dissolution; on la passe ensuite dans un linge propre, en ayant soin de presser pour faire passer tout le mélange. Enfin, on bat cette colle avec quelques brins de balai pendant environ un quart d'heure, en y ajoutant à mesure du vin blanc jusqu'à concurrence de 3 litres. Lorsqu'elle est bien refroidie, on la met dans des bouteilles que l'on a soin de bien boucher et qu'on place à la cave pour s'en servir au besoin.

Cette colle se conserve ainsi pendant plusieurs mois sans s'altérer.

Si le vin blanc qu'on a employé est faible, on peut y ajouter un décilitre d'eau-de-vie de vin.

La dissolution de la colle ne peut être faite avec de l'eau que lorsqu'elle doit être employée immédiatement, car ainsi délayée elle ne tarderait pas à se corrompre, surtout dans les temps chauds.

Lorsqu'on est pressé de coller, on peut accélérer la dissolution de la colle en employant de l'eau chaude et même en la faisant bouillir jusqu'à entière dissolution, mais alors elle perd de sa qualité.

Il faut bien attendre qu'elle soit entièrement froide avant d'être employée.

Le reste de l'opération est la même que pour le collage aux blancs d'œufs.

Collage à la colle des vins rouges ordinaires.

Le collage à la colle des vins ordinaires consiste à délayer insensiblement 50 grammes de colle de Flandre en poudre dans un litre de vin. Quand la colle est dans un état liquide, on la verse dans une barrique de 228 litres environ, puis on fouette comme lorsque on opère avec les blancs d'œufs. On soutire quand la clarification est obtenue, ce qui a lieu après un repos de 96 heures environ.

Collage des vins blancs ordinaires à la colle de poisson.

Pour coller à la colle de poisson les vins blancs fins et ordinaires, il faut faire dissoudre 30 grammes de colle dans un litre de vin. Lorsque ce mélange est limpide, vous le versez dans une barrique de 228 litres de vin, puis on fouette vigoureusement comme nous venons de le dire.

Cela fait, on laisse reposer, pendant une quinzaine de jours environ, et quand la clarification est opérée on soutire comme pour les vins rouges.

Collage aux œufs des vins fins.

Pour le collage des vins fins et particulièrement des vins rouges, il est préférable de faire usage *d'œufs frais*. On prend donc le blanc de six œufs par barrique de 225 litres, qu'on prépare comme nous l'avons dit plus haut, on verse dans le fût et on fouette. On laisse reposer pendant 40 à 45 jours, après quoi on soutire.

MISE EN BOUTEILLES.

Du choix des bouteilles.

Le logement définitif du vin, c'est-à-dire sa mise en bouteilles, qui est une question capitale pour le consommateur a une bien autre importance pour le fournisseur qui, malgré la qualité certaine de sa marchandise au moment de sa livraison, peut recevoir des reproches et surtout perdre de bons clients, parce que ceux-ci n'auront pas apporté une attention suffisante aux soins que les boissons exigent.

Le choix des bouteilles mérite de fixer l'attention. Il faut avoir le soin de les prendre de même forme, de même dimension et surtout d'une force convenable et égale; ces conditions sont nécessaires pour s'assurer un bon empilage et d'éviter que la pression des couches supérieures ne fasse casser les bouteilles d'une force insuffisante. Il est utile d'examiner si l'entrée du goulot n'a pas le bord intérieur tranchant, ce qui empêche le bouchon de pénétrer.

Moyen de constater si le verre des bouteilles est de bonne qualité.

Nous avons déjà signalé que la mauvaise qualité du verre de certaines bouteilles pouvait nuire à la conservation des vins. Pour s'assurer si une bouteille est d'un verre de bonne qualité, il n'y a, dit M. Champeaux, qu'à la remplir d'eau, y ajouter 10 grammes d'acide tartrique et agiter pour faire dissoudre. Au bout de cinq ou six jours, s'il ne s'est rien produit, le verre est de bonne qualité ; si, au contraire, la solution est devenue gélatineuse, ou s'il s'est formé des cristaux, qui sont déposés au fond de la bouteille, le verre doit être considéré comme de mauvaise qualité.

Les bouteilles vides qui ont servi ne doivent être conservées à la cave, que nettes et renversées sur des planches percées; sans ces précautions elles prennent promptement un mauvais goût qu'on ne peut leur enlever qu'avec peine. La moindre négligence de l'ouvrier chargé de ce soin est presque toujours suivie de la perte du vin.

Nettoyage des bouteilles.

Le vin ayant été collé, étant bien reposé et parfaitement éclairci, il faut faire rincer avec soin la quantité de bouteilles nécessaires pour vider la pièce qu'on veut tirer. On se sert généralement pour cette opération de plomb de chasse et du *goupillon,* l'eau ne doit pas être ménagée; cette précaution est d'autant plus essentielle que les bouteilles rincées et renversées sur les planches à bouteilles contractent à la cave un goût de moisi lorsqu'elles y séjournent longtemps. Il faut ensuite visiter attentivement une à une, les bouteilles au grand jour, rebuter celles qui étant *étoilées* casseraient soit en les bouchant, soit dans le tas lorsqu'elles seraient chargées d'un grand nombre d'autres.

Quand on est forcé d'employer des bouteilles étoilées ou d'un verre très-mince, on doit les mettre de côté pour les remplir les dernières, les boucher moins fortement et les placer au-dessus de la pile.

Moyen de nettoyer les bouteilles très-encrassées.

Le procédé que nous allons indiquer peut être très-utile aux marchands de vins, au point de vue surtout de l'économie du temps. Chacun sait que lorsque le long séjour d'un vin coloré dans les bouteilles les a garnies d'une couche plus ou moins épaisse de tartre en forme de dépôt, il est fort difficile de les nettoyer par les moyens ordinaires, à savoir, la chaînette et le plomb, même lorsqu'on les a laissé tremper dans l'eau pendant plusieurs heures.

Voici notre recette beaucoup plus expéditive :

Faire dissoudre dans dix litres d'eau chaude un kilogramme de cristaux de soude (coût 60 cent.), introduire un demi-verre de cette dissolution chaude, mais non bouillante, dans la bouteille à nettoyer, et secouer. En un instant le tartre est dissous et la couleur rouge est devenue noire.

Procédé pour nettoyer les bouteilles maculées de corps gras.

Le moyen suivant est très-bon pour nettoyer les bouteilles grasses, ainsi que celles qui ont une odeur d'huiles essentielles ; il est moins dispendieux que l'emploi de la potasse, de la soude, de la chaux, des acides, plus commode que la cendre, le papier non gommé. Il consiste à mettre dans la bouteille à nettoyer quelques cuillerées à bouche de sciure de bois de chêne et un peu d'eau ordinaire, le plus chaud possible, puis on agite quelques secondes ; on rejette ce mélange, et on en remet encore une ou deux fois s'il en est besoin, puis on passe la bouteille à l'eau ordinaire pour en compléter le lavage.

Rinçage des bouteilles.

Il est important que les bouteilles soient parfaitement égouttées. Si on est forcé de les remplir de suite on les rincera toutes et on commencera par remplir les premières rincées. Les personnes qui se contentent de renverser les bouteilles pendant une minute pour les faire égoutter n'ont qu'à les mettre debout, les laisser reposer quelques heures et les renverser ensuite · elles s'apercevront que ces bouteilles contiennent encore de l'eau. De pareilles négligences causent souvent l'altération d'un bon vin; s'il est faible, le peu d'eau qu'on y introduit ainsi, favorise la formation de cette mousse qu'on appelle *fleur*, qui annonce et précède toujours la dégénération acéteuse.

Dans le cas et surtout lorsqu'on a été forcé d'employer pour le rinçage une eau qui laisse à désirer. Il serait prudent de passer un peu de bonne eau-de-vie dans la bouteille. Un demi-litre est suffisant pour 300 bouteilles; pour opérer plus vite et plus efficacement, on verse toute cette quantité dans la première bouteille, après dans la bouteille suivante et ainsi de suite en ayant soin que les parois intérieures de chaque bouteille soient complètement mouillées par l'eau-de-vie; la petite dépense occasionnée par ce demi-litre d'eau-de-vie est largement compensée par la garantie de la conservation du vin.

Remplissage des bouteilles.

MANIÈRE DE PLACER LA CANNELLE ET DE CONDUIRE L'OPÉRATION DU TIRAGE.

Avant de procéder à la mise en bouteilles, on doit s'assurer que la colle, avec laquelle on doit invariablement traiter tout vin qui a voyagé, a fait son effet, que le vin est brillant à ce point que les sommeliers de Paris appellent *nif*. Il faut percer doucement le fond de la pièce à deux doigts au-dessus du *jable* (1) et cesser aussitôt que le vin paraît. La cannelle s'enfonce à la main et non en frappant.

Le robinet doit être entr'ouvert, afin que la portion d'air qui occupe le vide de la cannelle soit chassée au dehors par le vin qui s'y introduit. Quelque soin que l'on prenne pour poser la cannelle, la portion la plus légère du dépôt peut être agitée; c'est pourquoi nous conseillons de la placer quelques heures avant de remplir les bouteilles.

Pour tirer commodément une pièce de vin, on se munit d'un petit baquet de 12 centimètres environ de haut, on le place sous le tonneau aussitôt qu'on a percé la pièce, on pratique deux ou trois trous de foret ou de vrille à côté de la bonde pour donner accès à l'air : on ouvre ensuite la cannelle et on laisse tomber dans le baquet quelques gouttes de vin qui entraînent les esquilles de bois que la cannelle a pu introduire dans le tonneau.

Tout étant ainsi disposé, on place la bouteille à remplir sous la cannelle, de manière que le bec de celle-ci entre un peu dans le col de la bouteille,

(1) On appelle jable, la rainure pratiquée dans les douves du tonneau pour recevoir le fond, et la partie de ces douves qui saillit extérieurement.

qui doit être un peu inclinée pour que le liquide coule contre la paroi; si on la posait droite, le vin serait battu et le moindre inconvénient serait de voir se former de la mousse qui empêcherait la bouteille de bien se remplir.

DES BOUCHONS.

Le choix des bouchons n'est pas moins important que celui des bouteilles : ils doivent être souples, unis et le moins poreux que possible. De ces conditions dépendent la facilité de les enfoncer et leur imperméabilité, qui est le seul garant de la conservation du vin. Leur texture doit être homogène, ils doivent être assez élastiques pour subir une compression qui, en réagissant contre les parois du goulot de la bouteille, empêchera non-seulement l'épanchement du liquide, mais encore tout contact avec l'air. Si on veut boucher avec la tapette à main, il est nécessaire que le bouchon soit un peu résistant, afin de pouvoir supporter la poussée qui le chasse dans la bouteille. Il faut remarquer qu'un liége dur casse quelquefois le col de la bouteille et la bouche toujours mal; lorsqu'il est poreux, il laisse échapper le liquide. C'est par ces motifs qu'en Champagne, où l'on fait une consommation très-considérable de bouchons, on n'emploie que ceux de première qualité, qui coûtent six fois plus que les bouchons communs. Il faut surtout se garder d'acheter de vieux bouchons retaillés, dont on a enlevé l'épiderme pour les faire paraître neufs : ils sont le rebut des maisons qui en consomment beaucoup, et ont souvent moisi dans les caves, ou été ramassés dans les ordures. Il est aisé de les reconnaître à la teinte noire foncée de leurs pores, qui sont remplis de malpropreté.

Il y a de l'économie à acheter de bons bouchons; car la perte d'une bouteille de vin est plus importante que le prix de cent bouchons. Si l'on en emploie de très-bons pour boucher le vin d'ordinaire qu'on boit promptement, ils peuvent servir plusieurs fois; tandis que les mauvais se cassent en les retirant. Lorsqu'on veut employer plusieurs fois les mêmes bouchons, il faut avoir soin : 1° d'éviter de les percer de part en part avec le tire-bouchon, autrement ils laisseraient échapper le vin; 2° de les conserver dans un endroit sec; 3° de ne les employer de nouveau que pour des vins qu'on ne veut pas garder très-longtemps en bouteilles.

Quand les bouteilles sont pleines, il est bon de les tenir un instant debout avant de les boucher, afin que l'air ou la mousse qu'elles renferment puissent se dissiper. Il doit exister entre le bouchon et le liquide le moins d'intervalle possible. Le bouchage à la main, au moyen de la tapette, est rarement bien fait; on malaxe un peu le bout du bouchon pour le faire pénétrer dans le goulot et l'on frappe; mais la résistance de la partie du bouchon étant en raison de son peu d'élasticité, on ne peut qu'imparfaitement boucher; et si le liége est élastique, il paralyse la force d'impulsion; l'air qui reste dans la bouteille, dans la partie que le vin ne remplit pas, n'étant pas chassé, est aussi une résistance à vaincre.

On obtient généralement de meilleurs résultats avec le bouchage à la mécanique. Le bouchon est resserré dans un cylindre d'un diamètre inférieur à celui du goulot de la bouteille, il est poussé dans celui-ci par une pression sans secousse, l'air est chassé du même coup, et par ce procédé on peut remplir presque complétement la bouteille. Le bouchon, uniformément malaxé dans toute sa longueur, s'appuie fortement contre les parois du goulot en vertu de son élasticité, et la bouteille se trouve hermétiquement bouchée.

Manière de goudronner les bouchons.

Si l'on veut garder longtemps des vins en bouteilles, il convient de goudronner les bouchons, pour les garantir de l'humidité et des insectes. Les cloportes surtout les rongent dans de certaines caves, au point de pénétrer jusqu'au vin.

On prépare un excellent goudron, pour trois

cents bouteilles, avec un kilogramme de poix résine, un demi-kilogramme de poix de Bourgogne, deux cent cinquante grammes de cire jaune et cent vingt-cinq grammes de mastic rouge, qu'on fait fondre dans un vase de terre, ou de préférence dans une marmite de fonte. On a soin de retirer le goudron du feu lorsqu'il monte, et de le remuer avec une spatule; ensuite on le remet sur le feu jusqu'à ce que le tout soit bien fondu. A défaut de cire on emploie un peu de suif : 90 grammes suffisent pour la quantité ci-dessus indiquée. Si l'on en mettait trop, le goudron ne durcirait point assez et fondrait dans les mains quand on prendrait les bouteilles. Lorsqu'on n'ajoute au mélange ni cire, ni suif, le goudron est trop sec et se détache.

Un kilogramme de galipot, 500 grammes de résine et 125 grammes de cire jaune, fondus comme ci-dessus, forment un goudron qui coiffe très-bien les bouteilles. On l'emploie tel qu'il est, ou on le colore à volonté, ainsi que le précédent, savoir : en beau rouge, avec 45 grammes de vermillon fin, que l'on y mêle, lorsqu'il est fondu, en le remuant avec une spatule; en rouge foncé avec de l'ocre rouge; en noir, avec de l'orpin et du bleu de Prusse, en bleu avec du bleu de Prusse. Le mélange des différentes couleurs produit d'autres nuances plus ou moins foncées, suivant la quantité que l'on introduit de chacune d'elles.

On fait aussi un fort bon goudron avec deux kilogrammes de poix de Bourgogne, un kilogramme de poix résine et un peu de suif. On le colore à volonté comme le précédent. Quelques personnes y mettent des aventurines ou de la poudre brillante jaune telle que celle qu'on met sur l'écriture. Lorsqu'on ne veut pas prendre la peine de préparer le goudron, on l'achète tout fait en pains d'un demi-kilogramme et de la couleur que l'on veut. Chaque pain fournit de quoi goudronner cent bouteilles; il faut avoir soin d'y ajouter un peu de suif quand on le fait fondre.

Quand on est dans le cas de faire chauffer à plusieurs reprises le même goudron, on met un ou deux verres d'eau au fond de la marmite, pour empêcher que l'action du feu ne le fasse noircir.

Pour bien goudronner, on trempe la partie saillante du bouchon et environ 13 millimètres du col de la bouteille dans cette préparation, et l'on remet la bouteille debout. Lorsque le goudron se refroidit, il devient épais; on le réchauffe pour éviter qu'il s'en attache trop. Le goudron doit être transparent, et ne pas former sur le bouchon une épaisseur de plus d'un demi-millimètre.

On conçoit aisément que quand on veut goudronner des bouteilles dont le col est déjà garni de goudron, il convient d'ôter celui-ci pour qu'il ne fasse pas épaisseur sous la nouvelle couche que l'on va appliquer.

Emploi de la gélatine pour capsuler les bouteilles.

En associant la gélatine à de la glycérine, on obtient un mélange liquide à chaud, qui se solidifie à froid tout en restant ductile, et qu'on peut utiliser pour pratiquer la fermeture, à la fois hermétique et élégante, des bouteilles, en place des capsules métalliques ordinaires.

On opère de la manière suivante :

De la gélatine sèche est recouverte d'eau froide; elle s'y gonfle et en absorbe une certaine quantité. Au bout de douze heures, on décante l'excès d'eau, on fait fondre la gélatine ainsi hydratée au bain-marie, et l'on ajoute la glycérine.

Les proportions sont environ 45 grammes de glycérine pour 500 grammes de gélatine, ou une partie de glycérine sur dix ou onze parties de gélatine.

On plonge le col de la bouteille, fermé avec un bouchon ordinaire, dans la solution chaude, comme s'il s'agissait de la cacheter avec de la cire. En répétant l'opération plusieurs fois, la couche de gélatine peut être rendue aussi épaisse qu'on veut; il faut seulement avoir soin de laisser bien refroidir et solidifier une couche avant d'en appliquer une nouvelle. Rien n'empêche de colorer et d'aromatiser la solution glycérique de gélatine d'une foule de manières, et d'y ajouter des substances qui la préservent contre les attaques des insectes et autres animaux.

MANIÈRE DE PLACER LES VINS.

Les vins de France et les vins étrangers de même nature se conservent mieux dans des caves que dans les celliers; mais il n'en est pas de même des vins de liqueur, tels que ceux de Malaga, Alicante, Pacaret, Chypre, etc., les vins secs de Madère, Ténériffe, Xérès, etc., acquièrent bien plus de qualité si on les tient dans un endroit chaud. Ces mêmes vins ne s'altèrent pas lors même que les tonneaux ou les bouteilles ne sont pas tout à fait pleins; ils vieillissent plus promptement et deviennent souvent meilleurs. A Madère, on met les vins dans des étuves pour les vieillir.

MALADIES DES VINS.

TRAITEMENT.

Vins qui fermentent.

Il arrive malheureusement trop souvent que des vins restent, par suite de négligence ou par force majeure, entreposés trop longtemps à l'extérieur, et se trouvent par cela même exposés aux coups de soleil, aux orages, en un mot à tous les accidents de la température; dans ce cas l'état de fermentation ne tarde pas à se déclarer.

En approchant l'oreille d'une pièce, on reconnaît qu'elle bout; en débondant, on reconnaît les symptômes d'une fermentation qui va perdre sans retour cette marchandise, qui était cependant de qualité de choix.

Dans ce cas, il n'y a pas de temps à perdre. Le voyage a bien pu être pour quelque chose dans la cause de cette détérioration, raison de plus pour se hâter.

Il faut immédiatement soutirer ce vin dans des futailles fortement soufrées, ce qui arrêtera immédiatement la fermentation. Si on est dans l'impossibilité de les mettre en cave, ce qui est très-regrettable, il faut les couvrir avec une couche de paille pressée ayant au moins 10 centimètres d'épaisseur, et ce qui serait mieux avec les paillassons de l'invention de M. le Dr Guyot. Ce moyen est préférable à tous les moyens employés jusqu'ici.

Vin qui commence à piquer.

Si un vin commence à tourner à la pointe, il faut bien vite le calmer en le soutirant dans un fût méché ou en le méchant sur bonde; on le jettera ensuite sur de bonnes lies; puis, après l'avoir collé, on le coupera avec un vin jeune et corsé. Ce traitement fait avec soin guérira complétement le vin compromis.

Vins en pousse.

Une fermentation tumultueuse qui se développe dans les tonneaux et engendre une grande quantité d'acide carbonique, est la cause de cette maladie. Quand les tonneaux sont bien scellés, il peut arriver que la pression du gaz fasse rompre les cercles et partir les fonds. On peut éviter ce grave inconvénient en transvasant le vin dans des cuves bien méchées, et en y ajoutant un peu d'alcool, puis on pratique un collage à la colle de poisson.

Vins acides.

Par suite d'une fermentation qu'on n'a pas arrêtée à temps, il se forme quelquefois dans le vin un excès d'acide acétique (vinaigre); on peut s'en débarrasser en y mêlant du tartrate neutre de potasse (tartre soluble), qui sature l'acide en excès en formant de l'acétate et du bitartrate de potasse; ce dernier sel se sépare du vin par le repos à l'état cristallisé.

On fait l'essai sur un litre de vin pour avoir la quantité de tartrate nécessaire.

Pour enlever aux vins le goût d'aigre.

On soutire le vin s'il est sur lie; on prend ensuite 3 kilogrammes d'orge, que l'on fait bouillir dans 4 litres d'eau et réduire de moitié; on passe en exprimant cette décoction à travers un linge et on la verse dans le vin en y ajoutant 750 grammes de poudre de marbre blanc, 75 grammes de noir d'ivoire et 200 grammes de sucre; on remue le tout en fouettant avec un bâton; on y ajoute 500 grammes de crème de tartre en poudre et on remue de nouveau; on y ajoute enfin 2 litres d'alcool à 86 degrés, on mélange encore le tout, on laisse reposer et, au bout de quelques jours, on le soutire par un temps favorable.

Vins tournés.

Pour rétablir ces vins, on prépare sans le rincer un tonneau vide de bon vin, dans lequel on fait brûler une mèche soufrée, on soutire le vin tourné dans ce tonneau, en y ajoutant 125 grammes de noir animal et 60 grammes d'acide tartrique pulvérisé; on mélange le tout en agitant vivement avec un fouet ou un bâton. On prend ensuite huit œufs (jaunes, blancs et coquilles) et 60 grammes de sel commun, que l'on bat bien dans cinq litres du même vin et que l'on verse dans le tonneau, on mélange de nouveau vivement en y ajoutant

1 litre 50 centilitres d'alcool à 86 degrés, on laisse reposer quelques jours et on soutire de nouveau.

Vins éventés.

On prend la lie de trois barriques fraîchement vides que l'on ajoute au vin éventé en l'agitant tous les jours en tous sens pendant 15 jours; on y ajoute 2 litres d'alcool à 86 degrés en mélangeant de nouveau, on laisse ensuite reposer pendant quelques jours et on soutire.

Empêcher le vin de tourner ou d'aigrir.

On prend un demi-litre d'alcool à 86 degrés, dans lequel on fait macérer, pendant quelques jours, 60 grammes de la seconde peau de sureau, on passe cette infusion à travers un linge et on y ajoute 250 grammes d'huile d'olive de bonne qualité. On verse ensuite ces deux liquides dans la barrique que l'on veut préserver. Cette composition se trouvant plus légère que le vin se repose à sa surface et empêche le contact de l'air.

Vin chargé de fleurs.

Cette couche de moisissures appelées fleurs, qui apparaît à la surface du vin, n'est pas toujours

probable que la première couche du liquide est dans ce cas seule acidifiée, mais en soutirant on courrait risque de mêler aux parties saines la partie gâtée, et on compromettrait le tout.
un symptôme d'acescence complète. Il est possible,
Il faut soutirer de la manière suivante :

On introduit dans le vin portant fleurs un tube en ferblanc, qu'on maintient enfoncé à dix centimètres tout au plus et dont on ferme avec le pouce l'orifice supérieur. On placera dans ce bout du tube un entonnoir dans lequel on versera du vin, au moins de même qualité. Ce vin passant ainsi dans les couches secondaires du fût, fera monter celle qui porte la fleur, qu'on verra bientôt s'échapper par la bonde avec la partie altérée du vin. Si par suite un léger goût restait attaché au bois du fût, un léger mélange ou un soutirage en aurait facilement raison.

Vins qui se gâtent en voyage.

Les transports de vins par terre sont toujours dangereux l'été; les vins qui y sont soumis, sont souvent perdus à la suite de la fermentation nouvelle produite par l'agitation et la chaleur. Il faut donc détruire aussi complètement que possible tous les principes fermentescibles. Pour cela on devra toujours, avant le départ, coller les vins énergiquement, car la lie est un élément de fermentation, et dans ce cas la colle de poisson de Russie est souveraine; puis les soutirer dans des fûts imprégnés de soufre. Cette dernière pratique fera contracter au liquide un goût qui disparaîtra promptement, mais qu'un coupage enlève radicalement.

Moyen de guérir des vins acides par défaut de maturité du raisin.

M. Espio donne un moyen de corriger la verdeur de vins provenant de raisins imparfaitement mûrs.

Lorsque dans des années pluvieuses et froides le raisin n'atteint pas une parfaite maturité, le vin qui en provient acquiert un goût âcre et de verdeur dû à un excès d'acide dont il se débarrasse difficilement, et qui diminue considérablement sa valeur commerciale.

Un moyen très-simple pour s'emparer de cet acide tartrique consiste à traiter le vin par le tartrate neutre de potasse (sel végétal), avec lequel il forme un tartrate acide de potasse (crême de tartre), qui, en raison de son peu de solubilité, se dépose très-promptement dans les tonneaux.

Pour procéder d'une manière convenable et ne pas s'exposer à des mécomptes, il importe d'expérimenter sur un litre ou fraction de litre à la fois, en y ajoutant peu à peu le tartre neutre, puis goûter, afin de s'assurer si l'excédant d'acide a bien été neutralisé. Défalquant alors d'un poids quelconque la quantité du sel employé, on saura à quoi s'en tenir pour traiter une pièce de 100 litres, par exemple.

Le dépôt formé dans les tonneaux devient alors un mélange de tartrate acide de potasse (crême de tartre) et de lie qu'on doit conserver en particulier, ainsi qu'il sera dit plus bas.

Si l'on a à traiter de fortes parties de vin, il importe de fabriquer soi-même le tartrate neutre de potasse (sel végétal), car, pris dans le commerce, il reviendrait à 50 pour cent plus cher.

Prenez à cet effet crême de tartre du commerce une quantité quelconque, pulvérisez, passez au tamis de crin; mettez cette poudre dans un chaudron de cuivre, étamé ou non; ajoutez-y cinq fois environ son poids d'eau, placez sur le feu, de manière à porter le liquide à 90 degrés centigrades de température, et alors ajoutez-y peu à peu et avec précaution du sous-carbonate de potasse (potasse du commerce), jusqu'à ce qu'il n'y ait plus d'effervescence produite, c'est-à-dire dégagement d'acide carbonique, et que le tartrate, d'acide qu'il était, soit devenu neutre. Jetez le liquide encore chaud sur un linge, passez et procédez à son évaporation ménagée, en agitant continuellement avec une spatule de bois jusqu'à ce que, d'épais qu'il était, il passe à l'état de sucre brut, c'est-à-dire de cristallisation confuse.

Nous avons dit que le dépôt formé dans les tonneaux par suite du traitement du vin par le tartrate neutre était du tartrate acide ou crême de tartre. Il n'y aura donc nul besoin d'acheter ce sel pour la nouvelle opération, puisqu'il suffira de le traiter de la même façon que nous venons d'indiquer pour le transformer en tartrate neutre.

Vins blancs jaunis.

La teinte jaune n'est pas toujours un signe de dégénérescence; il est certains vins qui la prennent en vieillissant, sans perdre pour cela de leur goût ou de leur limpidité. Ils n'en sont même que plus agréables à l'œil et plus recherchés. Quand le jaune a saisi un vin blanc nouveau sur lie, il suffit, pour le rétablir, de retourner le fût bonde dessous. Au bout de dix jours on répète l'opération, puis après repos on soutire. Si le vin n'est plus sur lie, il faut le soutirer dans des futailles fortement soufrées et coller énergiquement.

Autre remède.

On soutire le vin s'il est sur lie, on le colle avec de la colle de poisson, en y ajoutant un litre de lait écrémé et bouillant, on fouette pendant quelques minutes et au bout de dix jours de repos, on le soutire de nouveau.

Vins blancs filants.

Un vin est gras ou filant lorsque en le versant, il tombe comme de l'huile dans le verre. C'est le manque de tartre et de tannin qui cause cette altération. En général, cette maladie disparaît avec le temps, mais si l'on est pressé d'employer le vin, il faut, pour le débarrasser de la graisse, l'additionner d'une dissolution de tannin (30 grammes dans un litre d'alcool par hect.). Souvent un soutirage suffit de même que pour le vin en bouteilles; on peut souvent se borner à un dépotage.

Vins azurés.

Quand les vins prennent une couleur noirâtre et tournant à l'azur, ils entrent subitement dans un état de fermentation putride par laquelle une partie du bitartrate de potasse se transforme en carbonate, et c'est la réaction alcaline de ce dernier sel qui altère la couleur du vin. On parvient à détruire cet effet en ajoutant au vin une quantité d'acide tartrique suffisante pour rétablir l'acidité sur la couleur normale.

Vin blanc coloré en rouge et légèrement piqué.

Un vin blanc qui a séjourné trop longtemps

avec la pellicule du raisin, en rendant la matière colorante plus facilement dissoute, à une tendance à prendre une teinte rose foncé.

Lorsqu'on exprime du raisin rouge ou noir pour en faire du vin blanc, il faut éviter avec soin le contact prolongé du jus avec les pellicules.

Pour débarrasser le vin de cette teinte qui le dépare, le vin étant soutiré dans un fût en bon état, on y versera d'abord 500 grammes de poudre de braise de boulanger, préalablement bien délayée dans quelques litres du même vin. On agitera, afin de bien répartir le charbon dans le liquide, et on laissera reposer. On renouvellera l'agitation le lendemain encore, et, au bout de quelques jours, si le vin n'était pas devenu clair, on le collerait pour précipiter la poudre noire.

Le vin piqué, c'est du vin qui a commencé à aigrir et à passer à l'état de vinaigre. Son alcool a été transformé en partie en acide acétique.

Cette altération provient de ce qu'on a laissé le vin en contact avec l'air. L'alcool du vin, ayant subi la transformation acétique, ne peut plus reprendre son état primitif d'alcool, quoi qu'on fasse. C'est une des forces du vin perdue sans retour.

On peut faire disparaître cette acidité en saturant l'acide acétique. Cette opération est délicate, parce que, ne connaissant pas exactement la quantité d'acide que le vin contient, il est difficile de doser avec précision l'agent chargé de le neutraliser. On doit procéder avec prudence et par tâtonnements; il vaut mieux employer un peu moins que trop de saturants.

Les saturants qui nous inspirent quelque confiance pour ce cas spécial sont le carbonate de chaux bien pur et le tartrate neutre de potasse.

On emploiera donc, par hectolitre de vin piqué, 30 grammes de carbonate de chaux, ou marbre blanc en poudre, ou bien 30 grammes de tartre neutre de potasse.

Il faudra délayer la poudre de marbre dans un peu de vin et dissoudre le tartrate neutre de potasse avant de les jeter dans le vin. Il est nécessaire d'agiter pour que le mélange s'opère convenablement.

Le carbonate de chaux et le tartrate neutre de potasse, en se combinant avec l'acide acétique du vin, forment des acétates et des bitartrates qui se déposent.

On a bien de la sorte absorbé l'acide qui rendait le vin aigre et piqué, mais on ne lui a pas restitué les principes que l'acescence lui avait fait perdre. Il ne faut pas oublier aussi, que le traitement que l'on fait subir au vin l'affaiblit un peu et l'énerve. C'est pourquoi il est indispensable de remonter et de fortifier les vins auxquels on fait subir un travail quelconque.

Une légère addition d'alcool bien fin, un pour cent seulement, suffit la plupart du temps. Si, pour le vin décoloré par la poudre de charbon végétal, ainsi que pour celui qui a été désacidifié, on forme une espèce de liqueur composée, pour 100 litres de vin, de : alcool, 1 litre, sucre raffiné, 100 grammes, et acide tartrique, 15 grammes, on parviendra à réparer leurs forces et à leur rendre une partie de ce qu'ils avaient perdu. Le sucre et l'acide tartrique doivent être dissous dans un peu de vin avant d'être unis à l'alcool pour former la liqueur réparatrice.

On ajoute la liqueur au moment du collage du vin.

Vin absinthé.

Quand le vin s'absinthe, il éprouve une fermentation particulière qui détruit son acide tartrique en décomposant les tartrates de potasse et de chaux que le vin contient naturellement.

Privé de son acide tartrique, le vin perd sa couleur et devient noirâtre. Il contracte un goût fort piquant, comme s'il était mêlé avec de l'eau de Seltz.

Cet accident atteint très-souvent les vins peu riches en alcool et en vinosité, ceux qui sont logés dans des fûts malpropres ou qui, n'ayant pas été soutirés, reposent sur la lie, ceux enfin que l'on conserve dans des caves à température variable.

Cet accident est plus facile à prévenir qu'à guérir.

On peut l'éviter en fortifiant les vins sujets à s'absinther, par l'addition de 2 ou 3 litres d'alcool par hectolitre de vin, ou en les remontant par un mélange d'un décalitre de vin fort et généreux du Midi, par les soutirages et par le collage.

Mais, lorsque le mal est accompli, on peut améliorer le vin et lui rendre ses propriétés par le moyen suivant :

1° Soutirer d'abord le vin dans un fût bien propre et préalablement méché;

2° Dans un litre de vin bien franc, faire dissoudre 60 grammes d'acide tartrique par hectolitre de vin malade, et le jeter dans le tonneau;

3° Ajouter ensuite 2 litres d'alcool de betterave ou du Midi, n'importe, pourvu qu'il soit franc de goût et d'odeur.

Mêler le tout ensemble, bien agiter et laisser reposer.

Au bout de quatre ou cinq jours, il faut coller légèrement, et le vin aura repris un état satisfaisant qui permettra de le boire.

Vins amers.

En vieillissant, les vins perdent quelquefois toute leur matière sucrée et deviennent trop amers; on les corrige en les coupant avec du vin nouveau.

Autre remède.

On prend un demi-litre d'alcool à 86 degrés, dans lequel on fait tremper des bandes de toile jusqu'à ce qu'il soit entièrement absorbé, on prend alors un méchoir après lequel on accroche ces bandes que l'on tient suspendues dans l'intérieur d'un tonneau et après lesquelles on met le feu; lorsqu'elles sont consommées, on y fait brûler une mèche soufrée, on retire les résidus et on soutire immédiatement le vin amer dans cette futaille.

Vins astringents.

Les vins sont quelquefois astringents, surtout dans les années où les raisins ont coulé, et quand ils sont renfermés longtemps dans les caves avec la totalité de leurs grappes. On peut facilement corriger ce défaut en les collant plusieurs fois avec de la gélatine qui, élimine en partie le tannin, principe astringent, en formant avec lui un précipité insoluble.

Pour adoucir un vin vert.

On prend 2 kilogrammes de sucre que l'on fait fondre dans du vin en y ajoutant 250 grammes de tartre en poudre, on verse cette dissolution dans la barrique en mélangeant vivement avec un fouet ou un bâton; on y ajoute ensuite quelques blancs d'œufs et leurs coquilles délayées dans un peu du même vin, on fouette de nouveau vivement pendant quelques minutes, on laisse ensuite reposer pendant quelques jours et on soutire.

Vins inertes.

Les vins qui sont destinés à faire des vins mousseux sont sujets à cet accident. On parvient à déterminer un mouvement de fermentation dans ces vins en élevant la température du lieu où ils sont placés, ou bien en les portant dans un cellier exposé au midi.

Vins ayant trop ou trop peu de couleur.

Si les vins sont trop colorés par la présence d'un excès de matière colorante, on la diminue par un ou deux collages; si au contraire les vins ne sont pas suffisamment colorés, on les mêle avec d'autres vins plus riches en couleur. Dans certaines localités on cultive exprès dans ce but une de ces variétés de raisins que l'on désigne sous le nom de teinturiers. Ces raisins donnent des vins très-foncés en couleur, et qui sont destinés uniquement à donner de la couleur aux vins qui en manquent.

Vins blancs devenus roses.

Un vin blanc nouveau qui n'est pas débarrassé de tous les éléments fermentescibles peut, dans certaines conditions de mouvement et de température, prendre une teinte plus ou moins rose. Nous devons ajouter que certains bois de chêne peuvent à eux seuls les colorer ainsi, au moyen des principes extractifs que le liquide fait dégager et s'assimile. Le méchage suffit ordinairement pour blanchir ces vins. La pulvérine Appert possède la propriété de blanchir les vins rougissants ou jaunis.

Vins blancs ayant le goût de soufre.

Au bout de quelque temps et à la suite d'un collage et d'un soutirage, ce goût de soufre disparaît. Si on n'a pas le temps d'attendre, il faut brûler une mèche soufrée sur bonde, après avoir retiré quelques litres, bien boucher ensuite, et retourner le fût sens dessus dessous, pendant 48 heures; le gaz acide sulfurique détruira, à la suite de la combustion de la mèche, la senteur de soufre dans le liquide.

Vins troubles à la suite de coupage.

Quand un coupage n'a pas été fait avec tout le discernement voulu, le mélange de vins, qui éprouvent de la difficulté à se fondre ensemble pour former corps, produit une perturbation qui donne au liquide un aspect louche et trouble. Il faut bien vite administrer à ce vin un collage vigoureux. Peut-être aussi le temps suffirait pour l'éclaircir, mais on ne peut pas toujours attendre.

Clarification difficile.

Quand un collage échoue, il faut le répéter, et le répéter en doublant la dose. On augmente la somme de l'agent clarifiant, et on y ajoute une bonne poignée de sel gris par hectolitre.

Vins d'exportation.

Le mouvement et les variations de température pendant de longs voyages, exposent presque tous les vins à s'altérer, surtout les vins légers. Afin d'éviter cet inconvénient, on ajoute ordinairement un ou deux centièmes d'alcool aux vins destinés à l'exportation. C'est l'opération appelée vinage, que l'Académie de médecine a considérée comme parfaitement licite et inoffensive.

Vins ayant le goût de fût.

Un fût infect ou moisi qu'on n'a pas nettoyé peut communiquer au vin un goût désagréable. On peut enlever ce mauvais goût par les moyens suivants :

1° En transvasant le vin dans un autre tonneau bien sain et sans défauts, afin que ce goût ne devienne pas plus prononcé;

2° On agitera ensuite le vin très-fortement avec un litre d'huile d'olive superfine pour 230 litres de vin (30 veltes).

L'huile essentielle à laquelle sont dues l'odeur et la saveur spéciales de la moisissure se dissout presque entièrement dans l'huile grasse, celle-ci surnage bientôt et peut s'enlever très-facilement. Si le mauvais goût n'est pas complètement enlevé, on recommence l'opération avec la même proportion d'huile ; celle-ci n'est pas perdue, on l'emploie pour l'éclairage. Quand le vin est entièrement privé de son mauvais goût, on le transvase dans un autre tonneau qui a été préalablement méché avec soin.

Pour nettoyer le tonneau moisi, il faut bien laver avec l'acide sulfurique et du noir d'ivoire, puis mécher fortement.

A cet effet, on verse dans le tonneau un seau d'eau bouillante, 2 kilogrammes d'acide sulfurique concentré et on remue de manière à mêler les liquides, puis on ferme le tonneau et on agite en tout sens, pendant une heure environ et par intervalles. Après ce temps, on enlève la liqueur acide et on lave bien avec de l'eau; une fois l'eau égouttée, on met dans le tonneau 2 kilogrammes de noir d'os et deux seaux d'eau, puis on agite de nouveau le tonneau, en le faisant tourner de manière à promener le liquide nouveau sur toutes les parois; on égoutte ensuite, on lave deux fois avec de l'eau bien claire et on mèche. L'odeur est alors complètement enlevée et on peut remettre du vin dans le tonneau en toute sécurité.

Vins plâtrés. — Sel à la place du plâtre.

L'emploi du plâtre dans le vin a donné lieu à de nombreux procès, qui tous ont abouti à des acquittements. En faisant abus du plâtrage on peut déterminer dans le vin la présence de sels d'alun qui pourraient à la longue devenir nuisibles. Mais si on se borne à jeter le plâtre sur la vendange, et en quantité modérée, on donne au vin de l'astringence, ce que réclament toujours les produits du Midi pour une bonne conservation, et du brillant, ce qui aide à la vente.

L'emploi du sel a le même objet; les savants œnologues qui repoussent le plâtre, ont conseillé le sel pour le remplacer. Le sel à employer est le sel marin, il est très-favorable au bon conditionnement des vins épais et trop chargés de sucre.

Vins ayant le goût de plâtre.

Si l'on ne jette pas le plâtre, quand on l'emploie, sur la vendange avant la fermentation ou au commencement de la fermentation, l'action du ferment ne permet plus au liquide de s'assimiler les propriétés qu'il doit emprunter au gypse. Le vin garde un goût de poussière particulier au plâtre. Nous conseillons, pour guérir le vin ainsi infecté, de le coller énergiquement et de le couper ensuite.

Vins mi-partie clair, mi-partie trouble.

Cet accident est produit soit par l'insuffisance dans la quantité de la matière clarifiante, soit par une contrariété atmosphérique, soit encore par une pratique inopportune du collage, par exemple lorsque le vin travaille. Il faudrait pour opérer plus sûrement diviser la masse des vins, les coller en fûts d'un hectolitre ou deux au plus, mécher, et faire un essai avant d'entreprendre le tout, ce qui permettrait de doser plus modérément le collage qui, trop énergique, finirait par tuer des vins faibles déjà. Mettre dans la colle une bonne poignée de sel gris par hectolitre.

Vins clairs en fûts, troubles en bouteilles.

Ces vins renferment encore des éléments de fermentation, ce qui amène le trouble dont on se plaint quand on les met en mouvement. Si l'on peut attendre, le passage de l'hiver seul suffira pour les calmer. Dans le cas contraire, il faut, après les avoir dépotés, les coller, les soutirer dans des fûts méchés, et les laisser reposer une quinzaine. Ces précautions prises, on pourra sans crainte les remettre en verre.

Cause du trouble des vins.

Lorsque le trouble des vins donne à craindre qu'il tourne, on en passe un verre à travers du papier à filtrer; si le vin ainsi filtré a mauvaise couleur ou mauvais goût, c'est un signe certain qu'il se gâte; s'il ne perd ni goût ni couleur, c'est que le trouble sera occasionné par la fermentation, on ne courra dans ce dernier cas aucun risque de le perdre.

Vins rouges pâlis.

L'abus du soufre pourrait déterminer la décoloration du vin ; on lui rendra la couleur au moyen d'un coupage.

Vins vieillis ayant perdu leur arôme.

Si l'on peut se procurer des lies fraîches provenant de produits de même qualité, on parviendra à rajeunir et remonter les vins dégénérés en les passant sur ces lies. A défaut de lie, il faudra brûler dans les fûts, avant le soutirage, de l'alcool de vin bon goût, et on alcoolisera chaque hectolitre d'environ un litre.

Pour restituer l'arôme, il faut recourir au coupage ou à un arôme artificiel.

Vins gelés.

Si un vin a de la qualité, la gelée y ajoutera encore, puisque le soutirage n'en entraînera que la partie véritablement liquoreuse. C'est ce qui a décidé des œnologues destingués à recommander la congélation des vins comme une excellente pratique. Le dégel rend les vins louches, plats et sans bouquet. Il faut alors les coller, les soutirer et les *viner*, ou les couper avec des vins corsés.

Enlever aux vins le goût de moisi.

Un mauvais enfûtement donne ce goût, souvent aussi une vidange, quelquefois encore un excès d'humidité dans la cave. Pour en débarrasser le vin, on prépare sans le rincer un tonneau vide de bon vin dans lequel on fait brûler une mèche soufrée, on y soutire le vin moisi, en lui ajoutant 100 grammes de noyaux de pêches pilés; on prend ensuite 20 clous de girofle, 25 grammes de coriandre et 20 grammes de cannelle, que l'on pile bien et que l'on met dans un petit morceau de linge que l'on noue, on suspend ce petit nouet ainsi fait dans le tonneau pendant 15 jours, en ayant soin de remuer de temps en temps. Au bout de ce temps, on retire le petit sac, et le vin doit avoir perdu sont goût.

On peut encore enlever le goût de moisi en introduisant dans le vin 500 grammes d'huile d'olive de bonne qualité, on remue bien pendant une demi-heure, on laisse reposer pendant 24 heures et on soutire afin de séparer le vin de l'huile.

Afin d'éviter que le goût de moisi reparaisse, on fera bien de se débarrasser au plus tôt de ce vin.

Vins ayant fermenté dans le verre.

Il faut sans retard décanter ce vin, le remettre en tonneau ou en baril préalablement soufré, mécher encore sur bonde, puis coller très-vigoureusement. Il serait bon de pratiquer préalablement un passage sur de bonnes lies fraîches. Ces précautions prises, le salut du vin sera assuré; mais pour son amélioration par suite de ce qu'il a dû perdre en bouquet, l'emploi de l'œnanthine serait d'un très-heureux effet.

Vins ayant un goût de terroir prononcé.

Le goût de terroir peut s'enlever par du tartrate neutre de potasse, et par le filtrage sur le charbon végétal.

Le premier moyen enlève le mauvais goût, mais affaiblit le vin.

Le second réussit sans affaiblir le vin ni lui enlever sa couleur.

Vin de Bourgogne tournant à l'amer.

Dans ce vin la couleur commence à s'altérer, et le goût d'amer commence à toucher au piqué. Ce phénomène s'explique par les pertes de tannin et de tartre subies par le vin.

Nous conseillerons de l'additionner de 10 à 15 grammes de tannin sec dissous dans de l'alcool bon goût, de 120 à 130 grammes d'acide tartrique, et de le passer ensuite sur de bonnes lies fraîches. Faute de lies, un léger coupage avec un vin plus jeune, mais de même qualité, puis soutirage dans des fûts méchés; on pourra dès lors être parfaitement tranquille.

Vins à goût de mélasse.

Un fût à alcool de mélasse peut communiquer au vin ce goût particulier. Pour l'enlever, il suffit d'introduire dans le demi-muid dont il s'agit un kilogramme de poudre de charbon végétal.

On prépare cette poudre avec de la braise de boulanger bien brûlée, nettoyée et exempte de cendres. On la pile dans un mortier et on la blute dans un tamis fin de soie. Il faut qu'elle soit extrêmement fine.

On mélange cette poudre avec du vin, de manière à en faire une bouillie claire, et, dans cet état, on la verse dans le fût de vin avec la précaution de rouler le fût pour que la division de la poudre soit entière dans le liquide.

Au bout de quelques jours, le noir végétal s'est déposé au fond du fût, emportant un peu de couleur et le mauvais goût du vin.

Il faut ensuite soutirer ce vin et lui rendre par un avinage modéré la force que le traitement lui aura fait perdre.

Vins troubles et noirs rétablis au moyen de l'acide tartrique.

La meilleure manière est de le mélanger avec une portion, un ou deux litres, du vin à traiter, et de verser le liquide dans le fût, après l'avoir convenablement agité. Un coup de fouet aidera à l'incorporation.

Quant à la proportion à employer, elle n'est appréciable qu'à la suite de plusieurs essais comparatifs.

Qu'on prenne donc une éprouvette graduée de la contenance d'un litre, qu'on traite ce litre avec 50 centigrammes, 25 centigr., 10 ou 5 centigr., et ce résultat indiquera qu'il faut employer, par hectolitre, 50, 25, 10 ou 5 grammes d'acide tartrique.

DES ALCOOLS OU TROIS-SIX.

Les ALCOOLS DE VIN sont connus sous la désignation d'*esprit de vin*, 3/6 du *Midi* ou de *Montpellier*, et sont cotés aux Bourses des différentes villes sous l'une ou l'autre de ces trois appellations; leur degré de vente est à 86 degrés centésimaux. Le département de l'Hérault est celui qui en produit le plus, et, suivant les contrées qui les fabriquent, ils sont plus ou moins estimés.

LES ALCOOLS DE JUS, MÉLASSES OU SUCRE DE BETTERAVE, sont généralement désignés sous le nom de 3/6 du *Nord*, du nom de la contrée de la France qui en fabrique le plus. L'étalon des transactions sur ces alcools est le 3/6 ordinaire, dit de livraison, à 90 degrés centigrades. Les qualités et le prix augmentent dans une proportion qu'on appelle *prime*, selon que le 3/6 est *fin*, *extrafin*, ou *surfin*. Ils sont aussi qualifiés de *bon goût*, *demi-goût* ou *mauvais goût*, ou encore de *trois-six d'industrie*.

Les ALCOOLS DE GRAINS sont obtenus des fécules de divers grains, froment, seigle, orge, riz, maïs, etc., qui ont été préalablement saccharifiées au moyen de la diastase ou de l'acide sulfurique. Ces 3/6 sont soumis aux mêmes règles et degrés pour la vente que ceux du Nord, auxquels on les préfère généralement pour la franchise de leur goût.

La pomme de terre dont on saccharifie la fécule, fournit aussi du 3/6 dont on fabrique d'importantes quantités en France.

Maniement des alcools.

Le danger du maniement des alcools ne consiste pas seulement dans l'inflammation du liquide; car, en ce cas, il suffirait simplement de ne pas approcher une lumière assez près du liquide pour que le feu s'y communique. Mais l'alcool dégage des vapeurs dont le mélange avec l'air produit des combinaisons détonnantes.

Ce dégagement est favorisé par la chaleur, de sorte que les magasins qui contiennent des 3/6 sont d'autant plus dangereux qu'ils sont plus échauffés.

Mais il faut considérer que la vapeur de l'alcool est plus lourde que l'air; elle tend donc à occuper les parties inférieures des lieux où elle se dégage. Par conséquent, lorsqu'il est indispensable de se servir de lumière dans les magasins d'alcool, il faut toujours la tenir élevée et généralement au-dessus des vases qui contiennent le liquide. On a pu remarquer des explosions qui avaient lieu lorsqu'on abaissait la lumière pour chercher la fuite. Ainsi, nous engageons nos lecteurs à tenir compte de cette observation et à recommander à leurs ouvriers de porter toujours la lumière haute et de se garder de la placer à terre. Le mieux serait assurément de ménager du jour dans les magasins, de manière à n'avoir jamais besoin de lumière.

CONSERVATION DE L'ALCOOL EN FUTS.

Moyen d'empêcher les déperditions.

Beaucoup de fabricants conservent leurs produits en magasin, dans l'espérance de les livrer à la vente à des époques plus favorables.

La conservation de l'alcool en magasin est dispendieuse en raison de la déperdition naturelle du volume et du degré dans les vaisseaux en bois. En moyenne, le déchet peut être évalué à 6 p. c. pour le premier mois qui suit l'emplissage, et à 2 p. c. pour les mois suivants, en supposant que les conditions de logement et d'emmagasinage ne soient pas trop défavorables.

Pour éviter cette perte considérable, on a dû songer à loger l'alcool dans des vaisseaux en fer. On a donc construit dans les distilleries des bacs en fer, ainsi qu'on en voit dans les entrepôts généraux, et des pipes en fer, dont l'usage ne s'est pas encore vulgarisé.

L'établissement des bacs en fer pour des quantités importantes devient l'objet d'une grosse dépense; il exige des emplacements spéciaux pour les recevoir. D'un autre côté, on assure que le premier alcool qui entre dans un bac en fer n'en sort pas sans y avoir contracté un goût désagréable qui diminue la valeur de la marchandise. L'usage des pipes en fer répondrait parfaitement aux nécessités de la conservation de l'alcool, puisqu'elles le conservent et le transportent sans perte de degré ni de volume, comme sans aucune altération de qualité; mais, probablement parce qu'il n'est pas facile de changer les habitudes du commerce, la construction des pipes en fer est demeurée à l'état d'échantillon. Espérons que leur prix descendra à des limites de bon marché qui permettront d'en généraliser l'emploi.

Les Américains savent depuis longtemps atténuer l'effet des grandes pertes d'alcool en revêtant les parois intérieures des tonneaux d'une espèce de vernis qui, sans communiquer aucun goût à l'alcool, en empêche l'évaporation et le déchet. Ce vernis est essentiellement composé de gélatine.

Mouillage ou réduction des liquides spiritueux.

Le mouillage est le mélange d'un liquide spiritueux avec de l'eau ou avec un autre liquide spiritueux plus faible.

Pour trouver la quantité d'eau à ajouter à un liquide spiritueux d'une force connue, pour le convertir en un liquide plus faible, on multiplie la quantité du liquide spiritueux à réduire par sa force ou son degré et on divise le produit par le degré que l'on veut obtenir.

Exemple : Vous avez 654 litres d'alcool à 86 degrés que vous voulez réduire à 48 degrés.

Vous multipliez 654 litres, qui est la quantité du liquide spiritueux que vous avez à réduire, par 0,86, qui représente la force de ce même liquide, vous obtenez un produit de 562 litres 44 centilitres que vous divisez par 48 degrés ou centièmes, qui représente la force du liquide que vous voulez obtenir et vous trouvez pour le nombre de spiritueux à 48 degrés à obtenir 1,171 litres 75 centilitres. Donc en soustrayant de cette quantité le nombre de litres du liquide spiritueux à réduire, on trouve qu'il faut ajouter 517 litres 75 centilitres d'eau à ce liquide pour le ramener de 86 à 48 degrés.

Lorsque l'on veut obtenir avec un alcool ou esprit d'une force connue un volume déterminé d'un autre liquide spiritueux d'une force plus faible, on trouve la quantité d'alcool qu'il faut prendre en multipliant le volume donné par la plus petite force et divisant le produit par la plus grande.

Exemple : Vous vous proposez de faire une pipe d'eau-de-vie de la contenance de 629 litres à 48 degrés avec de l'alcool à 86 degrés.

Vous multipliez 629, contenance de la pièce, par 48, degré que vous voulez obtenir, vous trouvez un produit de 30,192 que vous divisez par 86 qui présente la force de l'alcool que vous employez et vous obtenez 351 litres pour le nombre de 86 à prendre; en soustrayant cette quantité de la contenance du fût vous trouvez 278 litres, chiffre qui représente la quantité d'eau nécessaire à ajouter à l'alcool pour le ramener de 86 à 48 degrés et qui, ajouté à l'alcool, donne un total égal à la contenance de la pipe.

Lorsque l'on veut réduire un liquide spiritueux avec un autre liquide spiritueux plus faible, on procède de la manière suivante :

Exemple : Vous vous proposez de réduire une pièce d'esprit de la contenance de 227 litres à 86 degrés, et vous voulez en faire de l'eau-de-vie à 49 degrés, en la mêlant avec une autre eau-de-vie à 35 degrés.

Pour savoir combien il faut mettre de litres d'eau-de-vie à 35 degrés dans les 227 litres d'esprit à 86 degrés, afin d'obtenir de l'eau-de-vie à 49 degrés, vous multipliez 227 par 37, qui est la différence de 86 degrés moins 49 degrés, et divisez le produit par 14, qui est la différence de 49 moins 35 degrés, vous obtenez au quotient 599 litres 92 centilitres pour le nombre de litres de l'eau-de-vie à 35 degrés, à ajouter à l'alcool à 86 degrés pour le ramener de 86 à 49 degrés. Ces deux liquides réunis forment une quantité de 826 litres 92 centilitres d'eau-de-vie à 49 degrés.

Lorsque c'est le nombre de litres du plus fort que vous voulez connaître, l'opération se fait à l'inverse de la précédente et s'appelle remontage.

Exemple : Vous avez 600 litres d'eau-de-vie à 35 degrés que vous voulez remonter à 49 degrés en la mêlant avec de l'alcool à 86 degrés.

Pour savoir combien il faut mettre de litres d'alcool à 86 degrés dans les 600 litres d'eau-de-vie à 35 degrés pour la remonter à 49 degrés, vous multipliez 600 par 14, qui est la différence de 49 degrés moins 35 degrés, et vous divisez le produit 8,400 par 37, qui est la différence de 86 moins 49, et vous obtenez au quotient 227 litres pour le volume de l'alcool à 86 degrés, à prendre pour remonter cette eau-de-vie de 35 à 49 degrés.

EAUX-DE-VIE.

La France produit des eaux-de-vie qui n'ont pas de rivales. Les eaux-de-vie de Cognac sont connues dans l'univers entier et y jouissent d'une réputation méritée.

Les départements des deux Charentes produisent des eaux-de-vie excellentes, mais dont la qualité et le caractère sont très-variés.

L'eau-de-vie dite FINE CHAMPAGNE est la plus renommée pour sa finesse et son excellent bouquet de noisette.

La PETITE CHAMPAGNE, ainsi que son nom l'indique, participe à un degré inférieur aux qualités de la précédente.

Les BORDERIES ou FINS BOIS ont moins de finesse que les deux qui précèdent, mais plus de corps, autant de sève et de bon goût.

Les eaux-de-vie dites PREMIER et DEUXIÈME BOIS participent à des degrés différents et inférieurs des qualités des fins bois.

Les eaux-de-vie DE SAINTONGE sont produites par les territoires des deux Charentes et de quelques départements voisins.

Les eaux-de-vie dites d'AIGREFEUILLE, bien que moins fines, ont une sève très-vigoureuse qui les rend très-propres à faire de bons mélanges. Celles dites de LA ROCHELLE sont les moins estimées.

Les départements du Gers et des Landes fabriquent de bonnes eaux-de-vie, dont quelques-unes ne le cèdent ni en finesse, ni en bon goût à celles dites de Cognac. Selon leur qualité, on les désigne sous le nom d'eaux-de-vie d'Armagnac comme suit : BAS-ARMAGNAC en première ligne, TÉNARÈZE et HAUT-ARMAGNAC. Ces eaux-de-vie ont de la finesse, de la sève, mais pas assez de corps.

Le Lot-et-Garonne produit à MARMANDE des

eaux-devie du nom de cette ville qui sont assez bonnes, mais un peu communes de goût; les eaux-de-vie dites de *pays* rivalisent presque avec celles de Marmande.

Le département de l'Hérault fournit une très-grande quantité d'eaux-de-vie, vendues sous le nom de Montpellier, *Preuve de Hollande,* c'est-à-dire 52 degrés centésimaux, titre auquel on les distille; mais on en vend plus encore qui sont le produit de la réduction des 3/6 au degré dit preuve de Hollande.

La Bourgogne fabrique une assez grande quantité d'*eau-de-vie de marc* bonne qualité, et que quelques amateurs estiment à l'égal des eaux-de-vie de Saintonge et d'Armagnac. Un peu partout on prépare des eaux-de-vie en réduisant des 3/6 de toutes sortes et provenances. On emploie des arômes divers pour leur donner un goût agréable et on les colore avec du caramel.

LES RHUMS ET TAFIAS.

Leur fabrication. — Pays de production. — Leur mode de vente au degré.

Le rhum est une liqueur alcoolique que l'on obtient par la fermentation des mélasses. Pour y parvenir, on mêle le sirop de sucre et les écumes avec une certaine quantité d'eau et de vidange (liqueur qui reste au fond de l'alambic après la distillation du rhum faible); on réunit le tout dans des tonneaux pendant huit à dix jours. La fermentation devient vineuse, et l'on introduit le liquide dans l'alambic, où on le distille comme l'eau-de-vie de vin. La première liqueur qui passe est le tafia français, ou le rhum anglais; puis arrive la petite eau qui sert à dédoubler le premier produit.

Les colons français mêlent souvent la petite eau avec leur tafia, ce qui lui donne un goût et une odeur désagréable. Les Anglais la mettent de côté pour la rectifier avec l'alambic ce qui leur donne un rhum spiritueux nommé *esprit* qui sert à renforcer cette liqueur.

Le rhum de la Jamaïque a toujours été préféré aux autres. On l'obtient avec les résidus des cannes à sucre passés au premier cylindre.

Les sirops des sucres bruts sont riches en liqueurs et sont préférés pour la composition des *grappes* aux liqueurs fermentées propres à la distillation.

Le rhum a une saveur piquante et empyreumatique. En vieillissant, il se colore, se brunit et prend une odeur agréable et une saveur résineuse et aromatique.

Ces liqueurs nous arrivent des colonies en barriques de bois de chêne de diverses dimensions, cerclées en fer, qui contiennent de 200 à 400 litres.

Les ports de France qui fournissent les meilleurs rhums sont Bordeaux, Marseille, Nantes et le Havre.

Ce produit est d'un grand usage dans les îles françaises en raison de ses grandes propriétés hygiéniques; la pharmacie s'en sert pour faire fondre la gomme de gaïac et pour préparer les liqueurs antipodagres contre la goutte.

Il n'y a point de degrés déterminés pour les tafias ou rhums; cependant le commerce préfère toujours les plus concentrés, et leur valeur est relative à leur concentration.

On reçoit des colonies françaises des rhums dont le degré varie à l'alcoomètre centésimal de 50 à 60 degrés. Cependant le degré auquel semble vouloir se fixer le commerce en général est 52, degré déterminé pour les eaux-de-vie sur la place de Bordeaux.

Les rhums et les tafias sont comme les eaux-de-vie sujets à perdre leur degré de concentration en vieillissant.

Le mode de vente des rhums, ou plutôt des tafias qui sont bien répandus dans le commerce, se pratique en raison de 1 fr. par degré avec prime en plus.

Le prix de 1 franc par degré est invariable; la prime varie, c'est ce qui fait dire dans la langue commerciale : tafias à tant *au-dessus du degré*.

Voici, pour ne pas multiplier les exemples, comment on opère au Havre :

Un tafia pesant 55 degrés, vendu à 45 fr. au-dessus du degré, coûtera 100 fr. l'hectolitre.

Tel autre, pesant 57 degrés, vendu à 42 fr. 50 au-dessus du degré, coûtera 99 fr. 50 l'hectolitre.

Si le tafia pèse un degré de plus, c'est 1 fr. de plus ; s'il pèse un degré de moins, ce sera 1 fr. de moins par hectolitre.

Les rhums ne se vendent pas comme les tafias à tant au-dessus ou au-dessous du degré, mais à l'hectolitre, avec indication du degré garanti par le vendeur.

Les rhums étrangers se vendent toujours acquittés des droits de douane.

Ce qu'on appelle rhum Havane n'est pas autre chose que du tafia; il se vend par le même mode.

Le dépotage des eaux-de-vie.

Le dépotage par le décalitre, dans la forme prescrite par la loi, est presque impraticable, et il n'a jamais été adopté par le commerce de Cognac. De là sont survenues des difficultés et même des procès de la part de la direction des poids et mesures. Il a fallu l'intervention de gens haut placés pour tolérer le dépotage au décalitre en forme de velte.

Ce mode de dépotage a encore un autre inconvénient, celui d'occasionner quelquefois des erreurs dans le comptage; il suffit pour cela d'une simple distraction de la part du dépoteur; enfin, ce moyen n'est pas assez expéditif pour le grand commerce.

Pour obvier à tous ces inconvénients, on a imaginé le dépotoir, espèce de cuve cylindrique en cuivre, munie d'un tube en verre gradué à l'extérieur, indiquant les quantités d'une manière plus ou moins exacte. En effet, ce cylindre ayant un diamètre relativement grand, les fractions de quelques litres sont presque inappréciables. Si on réfléchit encore aux influences résultant des variations atmosphériques qui font dilater ou resserrer le métal, on en conclura que le dépotoir n'est encore qu'une tolérance qui, à un moment donné, peut être retirée, selon le caprice d'un nouveau ministre ou d'un chef de l'administration des droits réunis. Enfin, il arrive très-souvent que la place qu'on est obligé d'assigner au dépotoir se trouve tellement restreinte, qu'on est obligé d'élever les pièces à dépoter à l'étage supérieur, au moyen d'un palan.

Tout ce que je dis du dépotage s'applique également à l'empotage.

A la place de l'ancien procédé, voici le mode de dépotage que j'ai imaginé :

J'ai dressé des tables établissant la densité comparée au volume des eaux-de-vie de divers degrés, depuis 40 degrés jusqu'à 95 degrés centigrades. Ces densités connues, je pèse, sur une bascule, les pièces à dépoter; je lève un échantillon que je soumets à l'épreuve de l'alcoomètre centigrade; je vide des pièces en les retournant sur la bonde. Lorsqu'elles sont vides, je les repèse pour déduire la tare du poids général, je cherche dans les colonnes des tables les numéros en regard du degré indiqué par l'alcoomètre, ce numéro est le poids du litre. Il ne s'agit plus que de diviser le poids général par le poids de ce litre, et j'ai pour quotient la quantité d'hectolitres, litres, centilitres, etc., d'une manière très-exacte.

Premier exemple : On veut savoir quelle est la quantité d'eau-de-vie qui est contenue dans trois pièces : on les met successivement sur la bascule, qui accuse 1,494 kilogrammes bruts; on les vide, on pèse les fûts, et on trouve qu'ils pèsent 150 kilogr. qu'on soustrait de 1,494, on a un poids net de 1,344 kilogr. On lève un échantillon qui indique à l'alcoomètre 50 degrés centigrades; on cherche dans les colonnes en regard de 50 leur correspondant, qui est 896 grammes, poids du litre, qu'on prend pour diviseur du nombre 1,344, poids général, et on obtient pour quotient 1,500 litres ou 12 hectolitres.

Deuxième exemple : On a les mêmes pièces également pleines, mais l'eau-de-vie est plus forte et par conséquent plus légère; mises sur la bascule, on trouve brut 1,416 kilogr.; on fait la tare, qui est de 150 kilogr., il reste net 1,266 kilogr.; on cherche ensuite comme ci-dessus le degré, qu'on trouve être 75 degrés; on cherche dans les tables le nombre en regard de 75 degrés, qui est 844 grammes, poids du litre; on prend ce nombre pour diviseur et on obtient pour quotient 1,500 litres; en retranchant deux zéros, on a quinze hectolitres, même contenance, quoique poids différent. On voit par là combien est simple, expéditif et commode, ce procédé pour les personnes qui voudraient en essayer.

AMÉLIORATION ET IMITATION DES LIQUIDES SPIRITUEUX.

Des eaux propes au mouillage des eaux-de-vie.

Les eaux les plus propres au mouillage des eaux-de-vie sont les eaux de pluie ou de rivière; les eaux de puits et de fontaines sont inférieures; on doit donc, autant que possible, éviter de se servir de ces dernières, soit pour la réduction des eaux-de-vie, soit pour la fabrication des liqueurs et sirops. Voici une manière d'avoir toujours des eaux excellentes pour la réduction des eaux-de-vie :

Vous recueillez une certaine quantité d'eau de pluie que vous laissez reposer pendant 4 à 5 jours, afin qu'elle puisse se décharger de toutes les matières étrangères qu'elle aurait pu entraîner avec elle; vous la tirez à clair et y ajoutez par hectolitre 10 litres d'eau-de-vie ordinaire ou encore mieux d'alcool à 86 degrés pour la conserver. Vous la mettez ensuite dans des pipes ou des barriques et vous vous en servez pour l'usage.

L'eau ainsi préparée, au bout de 7 à 8 mois, a acquis un grand mérite par le moelleux et la vieillesse qu'elle communique aux eaux-de-vie. En opérant une réduction on tient compte de l'eau-de-vie ou de l'alcool qu'on y a ajouté.

Coupage des eaux-de-vie communes.

Pour réduire l'esprit au degré voulu, ajoutez-y de l'eau de pluie, préparée autant que possible comme il vient d'être dit, ajoutez à ce mélange 3 litres par hectolitre de sirop de raisin et 3 litres de tafia ordinaire, agitez fortement avec un bâton, colorez en jaune d'or avec de bon caramel et ajoutez 25 grammes par hectolitre d'alcali volatil, agitez de nouveau fortement avec un bâton jusqu'à ce que le mélange soit bien opéré.

Imitation de l'eau-de-vie d'Armagnac.

Alcool à 86 degrés. . .	51	litres.
Rhum	3	—
Kirsch-wasser	2	—
Infusion de brou de noix	2	—
Sirop de raisin.	3	—
Eau de pluie conservée. . .	39	—

Produit 100 litres d'eau-de-vie d'Armagnac à 48 degrés. Mélangez bien le tout en remuant avec un bâton, colorez en jaune d'or avec le caramel et mélangez de nouveau, ajoutez enfin 25 grammes d'alcali volatil et mélangez encore de nouveau.

Imitation de l'eau-de-vie de Saintonge.

Alcool à 86 degrés. . .	56	litres.
Rhum vieux.	3	—
Sirop de raisin.	3	—
Eau de pluie conservée. .	38	—

Faites macérer pendant trois semaines dans 2 litres de l'alcool ci-dessus 5 grammes d'iris de Florence pulvérisé, 5 grammes de vanille et les zestes de trois oranges douces; au moment d'opérer le mouillage, faites infuser séparément 35 grammes de bon thé vert et 35 grammes de fleurs de tilleul, sur lesquels vous verserez séparément un demi-litre d'eau bouillante, réunissez après refroidissement ces trois infusions que vous pressez et filtrez, ajoutez 25 grammes d'alcali volatil et mélangez le tout en le colorant en jaune d'or avec le caramel.

Imitation de l'eau-de-vie de Cognac.

Alcool à 86 degrés. . .	50	litres.
Rhum vieux.	3	—
Kirsch-wasser vieux . .	3	—
Sirop de raisin. . . .	3	—
Infusion de brou de noix	3	—
Eau de pluie conservée. .	39	—

Faites dissoudre 40 grammes de cachou en poudre et 15 grammes de baume de tolu dans un litre de l'alcool ci-dessus, mêlez cette dissolution avec l'alcool avant d'ajouter l'eau; mélangez tous ces liquides en agitant fortement avec un bâton, ajoutez 25 grammes d'alcali volatil, colorez avec du caramel de première qualité et mélangez de nouveau.

Autre.

Eau-de-vie ordinaire	70 litres.
Fine champagne	17 —
Saintonge-Aigrefeuille . . .	4 —
Rhum vieux	2 —
Kirsch-wasser vieux.	2 —
Infusion de noix vertes . . .	2 —
Sirop de raisin.	3 —

Mélangez le tout.

Par le procédé ci-dessus on obtient de très-bon cognac. On peut augmenter ou diminuer la quantité de fine-champagne ou de saintonge, selon la qualité de cognac que l'on veut obtenir.

Observation. — Lorsqu'on opèrera sur des eaux-de-vie contenant déjà du sirop de raisin, de l'alcali volatil ou toute autre substance, on diminuera de moitié les quantités de substances ci-dessus, qui se trouveront dans cette eau-de-vie.

Amélioration de divers spiritueux.

Les rhums, les kirschs, les extraits d'absinthe et autres liquides spiritueux s'améliorent beaucoup en leur ajoutant 15 grammes de sucre blanc ou de sucre de candi par litre.

Procédé pour faire le rhum.

Eau-de-vie de mélasse à 50° .	100 litres.
Cuir neuf, tanné et râpé . .	3 kilogr.
Ecorce de chêne pilée . . .	500 grammes.
Clous de girofle.	30 —
Esprit de goudron	30 —

Faites macérer toutes ces substances dans l'eau-de-vie pendant un mois, tirez à clair, filtrez ce qui reste et colorez, s'il est nécessaire, avec du caramel de bonne qualité.

Procédé pour faire le Kirsch.

Prenez 50 kilogrammes de cerises noires et sauvages que vous écrasez avec un fort pilon et mettez dans une cave ayant une température à peu près ordinaire. Lorsque la fermentation a cessé, ce qui arrive au bout de 10 à 15 jours, vous y ajoutez 25 litres d'alcool à 86 degrés et 10 litres d'eau, vous mettez le tout dans la chaudière d'un alambic, en ayant soin de mettre au fond de cette chaudière une grille, afin que les matières ne brûlent pas, et distillez à feu nu, en conduisant le feu avec beaucoup de précautions. A mesure que l'opération avance, les produits deviennent plus faibles; lorsqu'enfin ils ne marquent plus que 7 à 8 degrés à l'alcoomètre, la distillation est terminée.

On rectifie le produit de cette distillation en le distillant de nouveau au bain-marie, on prend ensuite sa force et on le réduit à 50 degrés en y ajoutant de l'eau pure.

Autre.

Noyaux d'abricots. . . . 2 kilogrammes.
Noyaux de cerises sauvages 2 —
Myrrhe . . . . 125 grammes.
Alcool à 86 degrés. . . 50 litres.

Pilez le tout et faites macérer dans l'alcool pendant 24 heures; ajoutez 25 litres d'eau et distillez au bain-marie pour retirer 50 litres de produit, que vous réduisez à 50 degrés. Ajoutez ensuite 15 grammes de sucre par litre.

Cette préparation imite parfaitement le kirsch et mélangée avec ce dernier est très-difficile à reconnaître.

Autre.

Alcool à 86 degrés. . . 58 litres.
Eau commune. . . . . 42 —

Mélangez et parfumez ce mélange en y ajoutant suffisante quantité d'extrait concentré de kirsch-wasser, que vous faites dissoudre dans un peu d'alcool.

Procédé pour faire le genièvre.

Baies de genièvre 4 kilogrammes.
Fleurs de houblon 400 grammes.
Alcool à 86 degrés 25 litres.

Ecrasez les baies et faites-les macérer avec le houblon dans l'alcool pendant 2 jours, ajoutez 20 litres d'eau et distillez au bain-marie pour retirer 25 litres d'esprit parfumé, auquel vous ajoutez :

Alcool à 86 degrés . . 33 litres.
Eau commune. . . . 42 —

Mélangez le tout; produit 100 litres à 48 degrés.

Autre.

Alcool à 86 degrés. . . 56 litres.
Eau commune . . . . 44 —

Mélangez et parfumez ce mélange en y ajoutant suffisante quantité d'extrait concentré de genièvre, que vous aurez fait dissoudre dans un litre de l'alcool ci-dessus.

Procédé pour faire l'absinthe suisse.

Grande absinthe	2 kilogr.	500	gram.
Fenouil . . .	1 —	750	—
Coriandre. . .	1 —	»	—
Petite absinthe .	» —	500	—
Hysope . . .	» —	800	—
Mélisse citronnée	» —	800	—
Quatre fleurs. .	» —	500	—

Alcool à 86 degrés 40 litres.

Faites macérer toutes ces substances dans l'alcool pendant 2 jours, ajoutez 30 litres d'eau et distillez au bain-marie pour retirer 40 litres d'esprit parfumé; versez ce produit dans un tonneau et ajoutez :

Eau commune. . . . . 15 litres.
Alcool dans lequel on aurait fait dissoudre 80 grammes d'essence d'anis et 80 grammes d'essence de badiane. . . . . 46 litres.

Mélangez le tout et colorez en vert olive, avec le bleu, le caramel et le safran, ajoutez 15 grammes d'alun dissous dans un verre d'eau et mélangez de nouveau.

Autre.

Essence de grande absinthe	30	grammes.
— de petite absinthe	12	—
— d'hysope	5	—
— de mélisse	6	—
— de fenouil	25	—
— de coriandre	2	—
— d'anis vert	90	—
— de badiane	90	—
Alcool à 86 degrés	84	litres.
Eau commune	16	—

Faites dissoudre les essences dans l'alcool, mélangez et colorez comme ci-dessus.

Absinthe ordinaire.

Essence de grande absinthe	20	grammes.
— de petite absinthe	6	—
— de badiane	50	—
— de fenouil	10	—
Alcool à 86 degrés	56	litres.
Eau commune	44	—

Faites dissoudre les essences dans l'alcool et mélangez le tout; colorez en vert comme ci-dessus.

L'absinthe ci-dessus est destinée à être consommée telle quelle, sans addition d'eau, car elle ne possède que 48 degrés, tandis que les autres marquent 72 degrés.

Procédé pour faire le bitter.

Zestes de curaçao de Hollande	800	grammes.
Camomille romaine. . . .	150	—
Aloès succotrin.	150	—
Coriandre	100	—
Cannelle.	50	—
Girofle	30	—
Alcool à 86 degrés. . . .	58	litres.
Eau de pluie conservée. . .	42	—

Produit 100 litres à 50 degrés.

Pilez les substances ci-dessus et faites-les macérer pendant au moins un mois dans l'alcool, en ayant soin de mélanger de temps en temps, tirez à clair et délayez le marc avec l'eau ci-dessus, exprimez et mélangez l'eau avec l'alcool, colorez avec la teinture de curaçao ou, à son défaut, avec l'oseille et le caramel, ajoutez 15 grammes d'alun dissous dans un verre d'eau et filtrez.

Eau vulnéraire suisse.

Prenez 800 grammes de feuilles sèches de chaque plante dont les noms suivent :

Angélique,	Hysope,	Marjolaine,
Absinthe,	Mélisse,	Romarin,
Sauge,	Basilic,	Serpolet,
Sariette,	Rue,	Fleurs de lavande,
Fenouil,	Thym,	Verveine.

Alcool à 86 degrés . . . . 60 litres.

Faites infuser toutes les plantes ci-dessus dans l'alcool pendant 2 jours, ajoutez 30 litres d'eau et distillez à feu nu pour retirer 60 litres d'esprit parfumé, rectifiez ce produit au bain-marie pour en retirer 58 litres, auquel vous ajoutez 42 litres d'eau pour former 100 litres de vulnéraire à 48 degrés.

Autre.

Essence d'absinthe, 10 grammes ; *idem* de fenouil, 10 gr.; *id.* d'angélique, 2 gr.; *id.* de lavande, 30 gr.; *id.* de marjolaine, 15 gr.; *id.* de mélisse, 6 gr.; *id.* de menthe, 12 gr.; *id.* de serpolet, 30 gr.; *id.* de thym, 30 gr.; *id.* de sauge, 20 gr.; *id.* de romarin, 40 gr.; *id.* d'hysope, 5 gr., *id.* de mélilot, 5 grammes.

Faites dissoudre toutes les essences ci-dessus dans 56 litres d'alcool à 86 degrés et ajoutez 44 litres d'eau pour réduire ce spiritueux à 48 degrés.

Eaux-de-vie bonifiées.

Pour porter les eaux-de-vie à un état de maturation aussi complet qu'on le désire, il faut les renfermer dans des vases fermés dont les parois sont légèrement poreuses et permettent la transsudation et l'endosmose comme le sont, par exemple, les barriques ordinaires; puis on renferme ces barriques fermées dans une enceinte aussi fermée, dans laquelle on puisse diminuer la pression atmosphérique, au moyen d'une pompe à air. Le liquide vieillira d'autant plus vite que la pression atmosphérique sera plus diminuée dans l'enceinte. On peut donc opérer sur les eaux-de-vie en pièces, il suffit de rendre les caves peu accessibles à l'air.

Nous savions déjà, par expérience, que pour faire vieillir des cognacs en bouteilles, il fallait les boucher très-légèrement et les déposer dans un endroit peu accessible aux courants d'air.

Ce procédé est simple, il laisse les eaux-de-vie dans leur état de nature. On se sert seulement d'un bon caramel pour leur coloration.

Manière de détruire les mauvais goûts donnés aux eaux-de-vie par divers accidents.

Pour un hectolitre d'eau-de-vie, prenez : 2 kilogrammes 500 grammes de noir d'ivoire, 250 grammes de magnésie, 125 grammes de potasse blanche et pure, 150 grammes de chaux vive; ajoutez le tout à l'eau-de-vie et laissez macérer le tout pendant 3 semaines en ayant soin de remuer tous les jours avec un fouet, laissez reposer, tirez à clair et filtrez ce qui reste.

Eau-de-vie ayant contracté le goût de moisi.

Il faut d'abord transvaser l'eau-de-vie dans un fût bien propre et bien sain; ensuite pour chaque hectolitre d'eau-de-vie, on emploiera 500 grammes de charbon végétal, en poudre très-fine.

On aura soin de dissoudre le charbon dans un litre d'eau-de-vie; on obtiendra ainsi un liquide noir comme de l'encre, que l'on introduira dans le tonneau à désinfecter, en ayant soin d'agiter le mélange et de rouler la futaille, afin que le charbon se divise et se répartisse dans toute la masse du liquide. On renouvellera cette agitation plusieurs fois pendant deux ou trois jours, et enfin on collera pour précipiter le charbon et clarifier l'eau-de-vie.

Au bout de peu de temps, l'eau-de-vie aura acquis une grande limpidité et se trouvera débarrassée de l'odeur et du goût de moisi.

Il ne restera plus qu'à la soutirer au clair fin dans un fût en bon état.

Les transvasements et le collage, ainsi que le charbon, affaiblissent toujours un peu les liquides Pour restituer à l'eau-de-vie dont il s'agit du corps et de la plénitude et pour la mûrir, on pourra employer un peu de brandygène.

Si l'on exécute avec soin le traitement facile et sans dépense que nous indiquons, l'eau-de-vie infectée aura acquis toutes les qualités de sa nature et constituera un produit loyal et marchand.

Eaux-de-vie mélangées d'absinthe.

Le prix de l'absinthe est toujours supérieur à celui de l'eau-de-vie, surtout de l'eau-de-vie ordinaire. Il suffit donc de faire sur le mélange un nouvel apport, non d'absinthe, mais d'extrait d'absinthe, jusqu'à ce que le goût et le degré primitifs soient rétablis. A l'aide de ce procédé, on obtiendra une quantité plus forte avec qualité parfaitement égale; au lieu de perte, il y aura donc pour résultat final : profit.

Eau-de-vie trouble au dédoublage fait avec de l'eau de pluie.

C'est que l'eau pluviale dont on s'est servi était sans doute non-seulement impure, mais encore chargée de matières nuisibles à l'opération du dédoublage.

Règle générale et absolue, on ne doit opérer de réduction qu'avec des eaux parfaitement pures et complètement neutres, c'est-à-dire ne contenant aucun élément étranger.

Eaux-de-vie de marc ayant le goût de fumée.

Le goût de fumée ou de brûlé (car c'est à l'alambic et à la suite d'un vice de fabrication qu'il a été contracté) est un de ceux qu'il est le plus difficile de faire disparaître, surtout dans les eaux-de-vie. Comme moyens d'atténuation de ce goût, nous conseillons des collages énergiques et des coupages avec des eaux-de-vie récemment faites.

Eaux-de-vie troubles en bouteilles.

Des eaux-de-vie sont devenues troubles après une seconde coloration, avant de les mettre en bouteilles. Il est hors de doute que le trouble de ces eaux-de-vie provient de la nouvelle coloration qui aura été faite avec des caramels impurs ou de qualité secondaire, ce dont on devrait se méfier toujours. Il faut passer chaque bouteille au filtre (papier increvable Malapert), chargé d'un peu de noir végétal.

On peut, en place de noir, enduire une chausse d'une légère couche de blanc d'Espagne; l'eau-de-vie qu'on obtiendra sera d'une entière blancheur.

Pour avoir de bonnes eaux-de-vie de dédoublage.

En opérant le dédoublage, il faut se servir de l'eau de pluie, préférable à toutes les autres, et y faire macérer pendant huit jours, ou mieux bouillir des copeaux de chêne bien arrosés d'alcool bon goût. Cette eau donnera à l'eau-de-vie provenant du dédoublage un moelleux, un velouté, qui assimilera le produit à ceux des Charentes. On complétera le perfectionnement cherché en mettant un flacon de liqueur essentielle de Cognac dans chaque hectolitre. Nous croyons pouvoir assurer qu'on obtiendra ainsi une eau-de-vie excellente sous tous les rapports.

Absinthe mélangée de rhum.

Il faut faire avec le mélange une nouvelle macération et infusion des ingrédients d'absinthe et couvrir le tout d'eau-de-vie à 50 degrés jusqu'à ce que la senteur de rhum ait disparu, ce qui devra arriver infailliblement et assez promptement.

FABRICATION DU KIRSCHWASSER.

Le véritable kirschwasser provient de la fermentation et de la distillation de la cerise sauvage, qu'on récolte ordinairement dans les bois.

On fait également du kirsch avec diverses espèces de cerises qu'on distille par les mêmes procédés; mais ces produits sont loin d'avoir le mérite et la valeur du kirsch de cerises sauvages. La supériorité de ce dernier tient essentiellement à la nature particulière du fruit qui lui a donné naissance.

Le véritable kirsch se vend cher, en raison du prix de la matière première, et de ses bonnes qualités. Mais comme tout le monde n'a pas la bourse également bien garnie, le commerce a été obligé d'en fournir à bon marché.

A côté du kirsch naturel, qui comprend le kirsch de cerises sauvages et celui des autres espèces et variétés de cerises, il y a le kirsch de commerce, et par-dessus encore le faux kirsch.

Le kirsch de commerce se fabrique avec des jus de cerises sauvages ou autres additionnés d'une certaine quantité de trois-six et distillés ensemble.

Le faux kirsch est fait quelquefois avec une petite quantité de kirsch véritable délayée dans une réduction de troix-six, sans distillation. Souvent on le fabrique avec des infusions alcooliques de noyaux de cerises concassés; ou directement avec du troix-six dédoublé, aromatisé avec des huiles essentielles d'amandes amères, de l'huile de noyaux de cerises ou avec de l'eau de laurier-cerise, dont l'odeur a quelque analogie avec le kirsch naturel.

Ajouter de l'eau au vin, falsification; ajouter du trois-six dans le vin et le distiller ensemble à Cognac, falsification. Allonger l'eau-de-vie de Cognac avec du troix-six, falsification et punition sévère. Ajouter du troix-six dans du jus de cerises et les distiller ensemble, ce n'est pas falsification. Ce que la loi punit dans les Charentes, la loi le protège dans les Vosges; concilie qui pourra cette anomalie.

En appelant kirsch de commerce celui qui est mélangé de trois-six, l'acheteur est prévenu, il sait ce qu'il achète, et du moment qu'il traite en connaissance de cause, il n'y a ni falsification ni délit de tromperie.

Si le commerce livre à la consommation des kirschs plus ou moins mélangés de trois-six, il existe aussi bon nombre de fabricants et de négociants honorables qui fabriquent et vendent du véritable kirsch naturel, pur de tout mélange.

Pour le véritable amateur de kirsch, la dégustation est un moyen certain qui l'empêche d'accepter le faux pour le vrai; mais pour ceux qui n'ont pas l'habitude du kirsch naturel et qui désirent néanmoins être rassurés sur la nature du produit, il existe un moyen facile de reconnaître le kirsch véritable et de constater ses falsifications.

Le voici d'après M. Desaga : Après avoir râpé du bois de gaïac, on en met un ou deux grammes dans un verre à liqueur, l'on verse par-dessus une petite quantité de kirsch suspect et l'on remue quelques instants. S'il est pur, on le voit prendre une belle couleur bleu d'indigo, qui disparaît complètement au bout d'une heure.

Si le kirsch est mêlé d'alcool, la couleur n'atteint que le bleu pâle et se dissipe beaucoup plus promptement.

Le faux kirsch, fabriqué avec du trois-six et de l'huile essentielle d'amandes amères, ou de laurier-cerise, ou par l'infusion de noyaux de cerises dans l'alcool, ne prend sur le gaïac qu'une teinte jaunâtre, mais ne bleuit pas.

Comme l'alcool, mis seulement en macération sur des noyaux concassés de cerises, ne prend pas la teinte bleue en présence du gaïac, il paraît que dans la distillation du kirsch l'application de la chaleur développe une nouvelle substance dont l'action sur les divers corps résineux ou acides du bois de gaïac fait naître la couleur bleue.

Ces expériences peuvent se contrôler de la manière suivante : on verse dans une fiole une certaine quantité de kirsch et d'huile d'olive, qu'on laisse en contact intime avec le kirsch pendant douze heures au moins, et que l'on a soin de bien agiter de temps en temps. On verse ensuite avec précaution l'huile surnageante et on laisse reposer pendant quelques minutes. Si le kirsch est pur l'huile ne prend aucune odeur, car le principe volatil formé par la distillation ne se sépare dans aucun cas du produit.

Si le kirsch est falsifié, s'il n'est préparé que par un simple mélange, il cède à l'huile d'olive son principe odorant, qui y reste combiné après la décantation.

Moyen d'empêcher la coloration du kirsch dans les fûts.

Les liquides spiritueux enfermés dans les vaisseaux en bois contractent de la couleur en y séjournant par la dissolution des matières extractives du bois.

En laissant séjourner de l'eau-de-vie dans des fûts, elle prend une couleur jaune ambré qui devient d'autant plus intense que le contact et le séjour sont plus longtemps prolongés. Le bois neuf colore plus fortement que le bois qui a déjà contenu des liquides. Cette couleur, qui est le signe de la vieillesse de l'eau-de-vie, contribue à lui donner un goût particulier qui en améliore la qualité. Tous les bois ne possèdent pas les mêmes propriétés; il est bien connu, de vieille date, que les tonneaux fabriqués avec du bois de chêne du Limousin, du département de la Corrèze spécialement, sont les meilleurs pour loger, vieillir et améliorer les fines eaux-de-vie de Cognac.

Cette propriété tient à la nature particulière des matières extractives de ce bois.

Quelques-unes de ces matières incrustantes sont solubles dans l'éther et l'alcool concentré; ce sont les matières grasses et résineuses. D'autres se dissolvent mieux dans l'eau ou l'alcool affaibli, comme les sels, les matières gommeuses et divers acides organiques.

Cette différence de solubilité explique comment un fût colore de l'eau-de-vie ou du kirsch à 50 degrés, tandis que l'alcool concentré à 90 degrés s'y conserve sans coloration.

Ce qui est un avantage pour l'eau-de-vie est un inconvénient grave pour le kirsch.

Le kirsch est une liqueur spiritueuse, incolore comme l'eau; la moindre teinte, la plus légère coloration lui portent préjudice dans l'opinion des consommateurs.

Pour le conserver sans le colorer, on est obligé de loger le kirsch dans des vaisseaux en verre ou en grès; quelquefois on le met dans des fûts en bois blanc, comme le frêne; mais il finit par s'y colorer.

Cependant, le kirsch gagne beaucoup de qualité en vieillissant dans le bois, comme toutes les boissons spiritueuses; aussi les fabricants doivent-ils rechercher les moyens de le conserver dans des fûts en bois incapables d'en altérer la blancheur.

Pour cela, les matières incrustantes du bois doivent en être extraites. On prend de préférence des pipes ayant contenu de l'alcool du Nord ou du Midi, de 87 à 95 degrés, parce que l'alcool a déjà emporté quelque peu de matières grasses et résineuses. Il faut ensuite soumettre les pipes à des lavages excessifs, copieux et énergiques :

Avec une dissolution bouillante, étendue de soude caustique;

Avec de l'acide chlorhydrique dilué;

Avec de l'eau bouillante;

Avec de l'eau fraîche;

Avec de l'alcool.

Pour une pipe de 6 à 7 hectolitres de capacité, on prend 3 kilogrammes de lessive de soude caustique à 35 degrés, sur laquelle on verse 60 litres d'eau bouillante.

Le lavage à l'acide se fait avec 3 kilogrammes d'acide chlorhydrique du commerce et 60 litres d'eau.

Pour les lavages à l'eau chaude et à l'eau on en emploie 1 hectolitre. Le dernier lavage se fera avec 15 à 20 litres d'alcool bon goût, qu'on aura soin de bien recueillir.

A chaque lavage, on roulera, on agitera le fût dans tous les sens, afin que les agents de dissolution des matières extractives puissent les atteindre partout.

Les premiers lavages devront durer plusieurs heures. Il faut laisser égoutter le fût avant de procéder au lavage qui devra suivre.

Si une première opération n'est pas suffisante, on devra recommencer tous les lavages avec les mêmes précautions.

Contrôle des eaux-de-vie expédiées en bouteilles.

L'objection la plus sérieuse qui puisse être faite contre l'établissement des *droits uniformes de consommation sur les eaux-de-vie en fûts et en bouteilles* provient de l'embarras dans lequel la régie peut se trouver pour déterminer les deux éléments à connaître :

1° La jauge de la bouteille ou sa capacité intérieure;

2° Le degré de l'eau-de-vie qu'elle contient.

Comment peut-on évaluer l'un et l'autre de ces éléments sans une expérimentation directe ayant pour conséquence l'ouverture de la bouteille? Voici le moyen : Cherchez le volume extérieur de la bouteille; vous l'obtiendrez en la plongeant, goulot en bas, dans un tube gradué et contenant de l'eau, selon le procédé usité pour mesurer le volume de tous les corps de forme irrégulière. Vous n'avez ainsi que la capacité *extérieure* de la bouteille. De là à trouver le volume intérieur il n'y a qu'un pas. On peut en effet, après expérience faite sur un très-grand nombre de bouteilles, comparer les volumes intérieur et extérieur des bouteilles, et arriver à déterminer le *rapport moyen* qu'il y a entre la jauge interne et la jauge externe, qui pourrait être fixé par la régie elle-même. Le résultat peut ne pas être mathématiquement vrai; mais il est très-suffisant pour des constatations destinées à reconnaître si une expédition est entachée de fraude. Car il faut bien admettre en faveur du commerce des liquides certaines *tolérances*, sur lesquelles la loi a dû rester muette, mais qui sont inévitables dans la pratique.

La quantité de l'eau-de-vie étant évaluée, il reste à connaître son degré. Pour cela, il suffit de peser la bouteille pleine. De ce poids vous déduisez celui du verre établi préalablement et d'après le rapport moyen qui peut être reconnu exister entre les bouteilles de telle capacité et celles de telle autre capacité, et vous obtenez le poids de l'eau-de-vie. Vous consultez les tables de « Ferrand » établissant d'une manière mathématiquement exacte le rapport qui existe entre le poids spécifique des spiritueux et leur degré, et vous trouvez le dernier élément cherché pour la vérification : le degré de l'eau-de-vie.

Si l'on objectait contre ce moyen d'opérer la

difficulté d'arriver à des résultats exacts à cause des petites quantités de poids et de volume à apprécier, je conseillerais d'expérimenter une caisse tout entière, d'additionner les données présentées par chacune des bouteilles en particulier, et de s'en rapporter au résultat moyen.

PRÉPARATION DU PUNCH.

Punch à l'anglaise.

Depuis que l'usage du punch est devenu presque universel en Europe, chacun le compose à sa manière, et l'on peut dire qu'il y a presque autant de différentes sortes de punch que de nations et même d'individus qui le préparent.

Les uns substituent l'eau-de-vie au rhum, les autres y introduisent du vin de Champagne ou du vin du Rhin. Ceux-ci suppriment le thé et ne se servent que d'eau bouillante; ceux-là le prennent à la glace. Celui-ci y fait entrer des jaunes d'œufs; un autre du kirschwasser ou du marasquin. Enfin, c'est une confusion telle, que ce nom de punch s'applique à une foule de préparations qui diffèrent essentiellement, et dans leurs principes, et dans leur manipulation; on ne sait plus ce qu'on va boire, lorsqu'on vous sert cette liqueur.

Beaucoup de personnes croient remédier à cet

inconvénient en employant du sirop préparé, pour faire leur punch. Mais ces sirops varient selon le génie de leurs fabricants, et l'on n'en obtient jamais un punch uniforme. D'ailleurs si fort et si bien fait que soit un sirop de punch vous n'en obtiendrez jamais une boisson semblable au punch préparé instantanément, parce que l'acide du citron, en passant sur le feu, se dénature et prend un tout autre goût.

Le punch est originaire d'Angleterre, où il est la boisson la plus usitée dans toutes les classes de la société. C'est encore le pays de l'Europe où on le fait le mieux et où il est le meilleur, soit parce que le rhum de la Jamaïque est le premier de tous, soit parce qu'on y est resté fidèle à la manipulation adoptée dès le principe, et que l'expérience a démontré être la meilleure et la plus salutaire.

Voici le mode de préparation indiqué par un ancien auteur :

« Sur une partie de jus de citron, dans lequel vous laissez infuser quelques zestes pendant une heure, mettez trois parties de rhum de la Jamaïque et neuf parties de thé bien chaud. La proportion de sucre est indéterminée. On en met selon le goût des personnes; par exemple, beaucoup pour les dames, fort peu pour les marins, etc., etc.

« On peut être certain, en suivant cette méthode, d'obtenir du punch égal au meilleur que l'on fasse en Angleterre, où cette boisson a pris naissance, et en Hollande, où elle est aussi d'un très-grand usage. Il est, de plus, aussi sain que le punch peut l'être, et d'une simplicité qui en rend la composition très-facile. Nous croyons qu'en faisant usage de cette recette, le punch, pris quelques instants avant de se coucher, procurera un sommeil doux et tranquille, des songes suivant les désirs, et préservera des malignes influences du froid et de l'humidité, qui sont à Paris la source de tant de rhumes, et l'une des branches les plus solides du commerce des apothicaires et des médecins. »

Ramené à ce procédé primitif, le rhum paraîtrait aujourd'hui une tisane assez insipide. Trois parties de rhum sur neuf parties de thé! Et pourquoi pas du sirop d'orgeat pour adoucir le mélange?

Revenons là-dessus. Proscrivons comme des hérésies le vin de Champagne et le vin du Rhin livrés aux flammes. Chauffer des vins fins et les aromatiser, c'est un acte de vandalisme. Leur parfum, leur sève, leur bouquet, sont mille fois au-dessus des qualités factices qu'on peut leur communiquer ainsi. Il nous semble voir jeter un flacon de musc sur un bouton de rose.

Donnons la recette du punch classique, telle

que nous la trouvons dans les meilleurs auteurs, corrigée et modifiée par notre expérience.

Punch au rhum.

La bonne méthode indiquée par les auteurs est celle-ci :

Placez au fond d'une coupe un citron bien frais, d'un jaune pâle, coupé en cinq ou six tranches ; ajoutez-y un demi-kilogramme de sucre; versez sur le tout un litre de thé très-fort, préparé à l'instant. Sur une des tranches de citron que vous maintiendrez à la surface du liquide, versez doucement un litre de rhum de bonne qualité. Attendez cinq minutes et approchez de la surface du liquide une allumette enflammée.....

La chaleur du thé aura traversé le rhum; le liquide s'enflammera immédiatement, sans aucune difficulté. Laissez-le brûler et s'éteindre lui-même, sans l'agiter aucunement. Quand la dernière flamme se sera évanouie, remuez le mélange deux ou trois minutes pour répandre également le sucre fondu dans le liquide, et servez.

Je sais que ce procédé, le seul rationnel, le seul raisonnable, heurte des préjugés et des religions. Je le regrette, mais je ne puis que le maintenir. Il est le seul qui conserve au thé son arôme si délicat, qui s'altère sous la brûlure. Le thé, complètement caché par la couche de rhum, fond discrètement le sucre, bien plus facilement que l'alcool, pendant que la liqueur spiritueuse perd son excès de force, et acquiert le goût de candi qui résulte de l'ignition.

J'en appelle d'ailleurs à un essai.

On peut, sans inconvénient, si l'on aime l'acidité dans le punch, ajouter au citron qui sert de base à l'opération, des jus de citron ou d'orange; cela est une affaire de goût.

Sans doute, un des plus charmants spectacles qu'il nous soit donné de voir après boire, ce sont les flammes irisées du punch, soulevées par une large cuillère, projetées à grands flots, retombant en cascades, illuminant de leurs rayons blafards les messieurs et les dames, les trognes et les minois.

S'il vous convient de sacrifier au plaisir des yeux quelque délicatesse de goût, on peut s'y accorder. Réduisez la quantité de thé de la moitié de la quantité de rhum; opérez d'ailleurs comme il est indiqué, et fouettez à votre aise votre punch de la cuillère percée. Tous les goûts sont dans la nature.

Préparation du thé.

Le thé est une boisson chère aux gourmands, parce qu'il nettoie l'estomac avant le repas et le balaie après, lorsqu'il est surchargé. Il convient donc, et pour exciter l'appétit, et pour remédier aux indigestions.

Une observation très-essentielle à faire, quand on veut prendre le thé dans toute sa bonté, c'est de ne jamais le faire bouillir. On versera sur les feuilles, environ une demi-tasse d'eau bouillante, et on refermera la théière. Quelques minutes après, on renouvellera cette opération. Après le même laps de temps, on achèvera de remplir la théière d'eau très-chaude. Par cette méthode, on développe graduellement l'arôme du thé, et le plus médiocre est supportable. Par la plupart des autres procédés, on fait au contraire du thé médiocre avec les meilleurs produits. On sert le thé au bout de cinq minutes environ, et on y ajoute du sucre suivant le goût des convives.

Le thé qu'on abandonnerait plus longtemps dans la théière rougirait et prendrait de l'âpreté.

En suivant exactement ces prescriptions et pour un litre d'eau environ, vous ferez du thé léger avec dix grammes de feuilles ; du thé très-aromatisé avec vingt grammes, et du thé fort, propre à faire d'excellent punch, avec 30 grammes.

Punch à l'eau-de-vie.

Le punch à l'eau-de-vie est une erreur. Il n'a pas de raison d'être. Les eaux-de-vie fines se distinguent par un arôme exquis, produit d'une huile essentielle, qui se dissipe et se consume pendant la combustion du liquide. Il ne reste à la liqueur spiritueuse, après l'opération, qu'un goût *sui generis* qui n'a rien de distingué. Les meilleurs cognacs donnent un punch médiocre.

Les rhums, et même les tafias, avec lesquels il ne faut pas les confondre (1), sont en général d'un prix inférieur à celui des eaux-de-vie de quelque qualité. Ils possèdent un parfum prononcé, qui rappelle l'odeur du vieux cuir, et qui s'allie fort bien au parfum du thé. Il ne faut donc prendre d'eau-de-vie que lorsqu'on n'a pas autre chose sous la main.

Nous conseillons alors d'augmenter la proportion de sucre et de composer le punch ainsi :

Un litre, eau-de-vie ;
Un litre, thé fort ;
750 grammes, sucre ;
Un citron ou une orange.

Si l'on emploie les eaux-de-vie communes de Paris, qui sont pour la plupart des alcools distillés à un fort degré, dédoublés avec de l'eau de

(1) Le rhum est le produit de la distillation des jus de cannes à sucre; le tafia est le produit de la distillation des mélasses, après que le sucre cristallisé en a été retiré.

pluie et colorés avec du caramel, on peut forcer la quantité de citrons et d'oranges. Il n'y aura pas de mal à corriger, par des aromates, la crudité des spiritueux qu'il faudra brûler autant que possible.

Comme les alcools purs du commerce s'extraient d'une grande quantité de substances, il est assez difficile de distinguer le genre des punchs qu'on obtiendra par ce moyen, car on vend des eaux-de-vie de betterave, de pomme de terre et de grains de toute espèce.

Punch au genièvre.

Le genièvre est la perle des eaux-de-vie de grains ; il dépasse le wiskey de cent coudées, et quand il est de bonne provenance et d'âge respectable, on peut l'admettre sur les bonnes tables.

Le genièvre est, en général, plus alcoolique que le rhum destiné à la consommation. Voici les proportions du punch qu'on en compose :

Un litre de genièvre ;

Un litre 25 de thé ordinaire ;

750 grammes sucre.

Suivez toujours le même procédé de mélange et de combustion. Selon nous, ce punch ne s'aromatise pas, et le parfum du genièvre suffit à son agrément pour les vrais gourmets. Le citron est pourtant facultatif.

Punch au kirsch.

Le punch au kirsch est épique. C'est le couronnement, c'est la limite. L'artiste et l'ivrogne ne dépasseront jamais ces colonnes d'Hercule. Mais le punch au kirsch est hérissé d'obstaclès, et le premier, le plus grave, le plus sérieux, est celui qui résulte de cette prescription naturelle :

« Pour faire un punch au kirsch, prenez du kirsch. »

Où cela, je vous prie?

Le kirsch est le produit de la distillation de noyaux de cerises, et de quelles cerises!....

On les récolte, ces fruits étranges, dans ces forêts inconnues, vierges ou peu s'en faut; et les pommes d'or des Hespérides ne sont pas plus précieuses. Assurément, le marchand de vin du coin ne s'en inquiète guère. Il fabrique son kirsch au coin du feu, sur le bout du comptoir, et il arrive à des à-peu-près plus ou moins agréables. Mais le vrai kirsch, le kirsch authentique, où le trouver?

Il faut, si vous voulez m'en croire,
Le chercher dans la Forêt-Noire.

Je suppose que vous l'ayez enfin rencontré. Voici les éléments qui composeront un punch modèle :

Un litre, kirschwasser;

Un litre et demi, thé léger;
Un kilogramme, sucre blanc;
50 grammes, sucre vanillé.

Rien autre chose. Si quelque convive jette dans la coupe un zeste de citron, une pelure d'orange, expulsez-le immédiatement. Cet homme a de mauvaises intentions.

Punch-Chartreuse.

Je ne sais si ce punch aristocratique a été inventé par les bons Pères Chartreux, mais il est très-répandu à Lyon, où il fait la joie des grands repas qu'il embellit et qu'il clôture dignement.

En synthèse, nous blâmons les punchs qui ont pour base les liqueurs douces. Les punchs au marasquin, à l'anisette, au curaçao, sont des badinages alcooliques que personne ne prendra jamais au sérieux. Nous faisons une exception pour le punch à la chartreuse, que vous composerez ainsi :

Un litre, chartreuse;
Un litre, thé très-léger;
Sucre, 500 grammes.

Pas d'aromates, car il faut laisser à celui de la chartreuse toute son action. C'est pour cette raison que nous prescrivons un thé léger, comme dans le punch au kirsch. Enfin, la chartreuse étant sucrée par elle-même, la quantité de sucre à joindre au mélange se réduit d'autant.

Ce punch est une liqueur de dessert, pleine de propriétés digestives; mais nous ne saurions le conseiller comme boisson isolée. Il excite l'imagination.

Punch au vin rouge.

Ce punch est un leurre. Il usurpe un nom respectable ; ce n'est qu'un vin chaud déguisé. Donnons quelques conseils sur sa composition.

Prenez un litre de vin rouge capiteux de Narbonne ou de Roussillon, d'un goût très-franc et d'une couleur vive. Évitez les vins vieux, usés et dépouillés. Sur deux litres de vin rouge, jetez un demi-litre de thé très-fort, un kilogramme de sucre, 30 grammes de cannelle, deux jus d'orange, un zeste de citron. Chauffez doucement jusqu'à ce que le vin fume et s'enflamme sans difficulté ; remuez et entretenez la combustion aussi longtemps que vous le pourrez, en agitant le liquide avec une cuillère. Servez chaud.

La meilleure manière de chauffer le mélange contenu dans un bol à punch, c'est d'allumer au-dessous, dans l'assiette de métal, un peu d'alcool pur. Il faut éviter de faire bouillir le vin.

Punch au vin blanc.

Suivez pour tous les vins les mêmes règles. Ne mettez pas de jus de citron dans les vins chauds ; leur saveur en est sensiblement altérée.

Les meilleurs punchs au vin blanc se font avec des vins de Chablis ou de Graves, moelleux sans être doux, forts, exempts d'acidité et de mauvais goût, bien fins, et d'un âge quelconque.

Ne me parlez pas des gens qui chauffent les vins mousseux. Il y a eu de tout temps des idiots et des sacriléges. Le premier effet de le chaleur est de dissiper l'acide carbonique, qui est le caractère distinctif de ces boissons, et le vin de six francs la bouteille devient immédiatement égal au petit vin blanc doux, qui coûte un franc le litre.

Punch au madère.

Au madère sec, bien entendu.

Le punch aux vins de liqueurs est une absurdité et n'a pas sa raison d'être. On ne le tolèrera jamais dans une maison intelligente.

Le punch au madère sec se fait comme le punch au vin blanc, mais il convient de le faire brûler plus longtemps. Nous n'avons qu'un avis sérieux à donner, c'est de tâcher d'avoir un vrai madère, sinon de l'Ile, au moins d'Espagne.

Punch au lait.

Ce titre bizarre est extrait de l'*Almanach des Gourmands,* et nous a fort donné à réfléchir. L'alliance du laitage et de l'alcool choque au premier abord, et plus on y réfléchit, moins on s'y habitue.

Voici comment se fabrique ce breuvage :

Vous faites réduire devant un feu doux un litre de lait bien pur, aux deux tiers environ de son volume, en évitant de le faire bouillir, et vous l'écrèmez soigneusement.

Vous préparez un punch au rhum, en augmentant un peu la quantité de sucre et en faisant brûler le rhum autant que possible.

Vous jetez dans le lait 30 grammes environ de sucre vanillé, et vous y versez doucement le punch, en remuant régulièrement le liquide dans le même sens.

Le punch et le lait doivent s'unir à peu près par quantités égales; ils doivent être très-chauds l'un et l'autre, quand on opère le mélange.

On sert immédiatement, et l'on a vu des gens boire ce liquide avec plaisir, et sans se croire empoisonnés.

On le dit excellent pour l'estomac; mais nous estimons qu'il faut avoir déjà un excellent estomac pour le boire.

Punch à la romaine.

Prenez des glaces au citron; battez-les avec des jus d'orange et de citron et de la poudre de vanille. Faites glacer dans la sorbetière, en agitant le mélange pour qu'il y ait combinaison parfaite. Battez quatre blancs d'œufs avec un peu de champagne ou de cognac ; passez-les dans la glace produite; remuez le tout cinq ou dix minutes, et servez promptement.

On procède aussi comme suit :

Prenez un kilogramme de sucre fondu au petit lissé, le zeste de deux citrons bien frais, le jus de douze et un demi-litre d'eau. Mélangez, passez au tamis, faites glacer dans la sorbetière. Quand la glace est prise, battez-la; ajoutez-y quatre blancs d'œufs en neige, un verre de rhum; mélangez vivement et servez de suite.

Punch en bouteilles.

Faites du punch au rhum, mais ne le laissez brûler que cinq minutes. Laissez refroidir, filtrez et mettez en bouteilles. Ce punch se boit froid ou chaud; pour le réchauffer, on débouche les bouteilles qu'on place dans un bain-marie, dont on élève la température à volonté.

Sirop de punch.

C'est un punch concentré qui se dédouble avec de l'eau bouillante ou du thé léger, quand on veut le boire.

Voici comment on le prépare :

Mélangez par parties égales du rhum à 60 degrés, très-aromatisé, et du sirop de sucre très-épais, à peu près tiède. Ajoutez-y quelques gouttes d'essence de citron; remuez bien le mélange; filtrez et mettez en bouteilles.

Ce sirop se coupe avec de l'eau bouillante ou du thé léger pour produire le « punch à la minute. »

VINAIGRE.

Acétification continue des boissons alcooliques.

M. Pasteur a décrit une méthode d'acétification qui, d'après lui, a, entre autres avantages, celui d'opérer la transformation de l'alcool en vinaigre cinq fois plus rapidement que par l'ancien procédé d'Orléans. Voici comment on opère dans la pratique :

Pour se procurer le ferment acétique nécessaire à la première opération, on compose un liquide avec du vin, bien sain, bien clair et bien propre auquel on ajoute de bon vinaigre, bien clarifié, dans la proportion de 25 à 30 pour cent du volume du vin. La température de ce liquide étant de 20 degrés centigrades, on le place dans un vase ouvert, laissant un libre accès à l'air atmosphérique et on l'abandonne pendant quelque temps dans un endroit chaud, au bout de quelques jours, on voit apparaître çà et là à la surface du liquide de petits globules, ou taches blanches, de la grosseur d'une tête d'épingle, peu à peu ces taches deviennent plus nombreuses, le liquide en est parsemé; bientôt elles se développent, s'étendent progressivement et rapidement de manière à se toucher et à former un voile léger qui recouvre toute la surface du liquide. Ces tâches grises ne sont pas autre chose que le Mycoderma aceti qui a pris naissance dans le liquide, soit que les germes en aient été déposés à la surface par l'air atmosphérique, soit qu'ils y aient été introduits par le vinaigre ajouté au vin.

Lorsque le voile mycodermique est ainsi bien formé, qu'il a acquis la consistance nécessaire, on peut l'employer pour servir de ferment aux cuves d'acétification, afin de ne pas le déchirer, on l'enlève avec précaution, au moyen d'une spatule de bois à laquelle il adhère facilement et on le transporte ainsi à la surface du liquide des cuves d'acétification. Si l'on a fait naître le Mycoderma dans un vase d'une superficie d'un décimètre carré, le voile qu'on y recueille est suffisant pour ensemencer une cuve d'un mètre de diamètre. La multiplication des mycodermes marche rapidement si la température est convenable et si le liquide renferme tous les éléments nécessaires.

Le vin destiné à l'acétification, titrant de 8 à 9 pour cent d'alcool, préalablement clarifié sur les copeaux de hêtre et additionné de bon vinaigre, doit avoir 20 degrés centigrades de température; on le verse dans ces cuves d'acétification jusqu'à ce qu'il atteigne une hauteur de 15 à 18 centimètres. On y étale alors le voile mycodermique, ou ferment, et l'on couvre la cuve, sans oublier de maintenir la température du local à 15 degrés, et dans peu de jours tout le vin est transformé en vinaigre.

Lorsque le vinaigre est fait, on le soutire avec précaution de manière à ne pas déchirer le voile, afin d'éviter de le plonger dans le liquide et d'empêcher sa transformation en mycoderme gélatineux.

Le vinaigre étant enlevé aux neuf-dixièmes, on le remplace par une addition de vin au moyen de tubes en gutta-percha qui débouchent au fond de la cuve. Cette addition de vin étant faite avec précaution, le liquide arrive doucement, se répand uniformément dans la cuve et soulève lentement le voile mycodermique sans le déchirer. Après avoir remplacé le vinaigre par du vin, on couvre la cuve et on l'abandonne à elle-même, pour soutirer le vinaigre lorsqu'il sera fait, et ainsi de suite.

Autre procédé de fabrication.

Voici encore un procédé employé dans plusieurs contrées vinicoles du midi de la France :

On prend des râpes aussitôt que l'on a cueilli les raisins; il ne faut pas que ces râpes aient bouilli, ni qu'elles aient été pressées; on les lave à plusieurs reprises et on les met sécher au soleil ou dans un four; plus elles sont sèches, meilleures elles sont.

On défonce une barrique par un bout, on introduit dedans un cercle en bois, retenu par des taquets cloués juste au milieu de la barrique, afin de pouvoir faire un lit pour supporter les râpes que l'on met dessus. On place deux ou trois couches de sarment en travers les unes des autres et on met les râpes dessus jusqu'à la hauteur du fond de la barrique, de manière que le fond soit vide jusqu'au milieu et que du milieu où est ce support jusqu'en haut elle soit pleine de râpes. Le premier jour on y verse un seau de vin et on couvre la barrique avec une couverture. (Il faut que le vin n'ait aucun mauvais goût, si ce n'est celui d'aigre); aussitôt le liquide s'échauffe et aigrit le vin que l'on y a mis; le surlendemain, on y met un autre seau de vin, avec lequel on a soin d'arroser les râpes; on y verse tous les jours un seau de vin jusqu'à ce qu'il vienne à fleur du lit qu'on a établi avec les sarments, ce qu'il est facile de reconnaître en perçant un trou à la hauteur voulue. On tire alors par le robinet un seau de vin et on le verse sur les râpes en les arrosant, on répète cette opération de jour en jour jusqu'à ce que le vinaigre devienne fort, on le soutire alors dans un tonneau. On peut passer sur la barrique de râpes, disposée ainsi qu'il a été dit, plusieurs barriques de vin et les rendre toutes en excellent vinaigre qui ne se corrompt jamais.

Il faut avoir le soin de ne jamais laisser sécher les râpes, car elles moisiraient et perdraient le vinaigre. Aussitôt que l'on a fini, on retire les râpes de la barrique et on conserve celle-ci pour l'année suivante.

Autre méthode.

Prenez un petit baril de 45 à 50 litres, faites bouillir 4 litres de bon vinaigre rouge ou blanc et versez-le dedans, bouchez la bonde et roulez le tonneau en tous sens afin que le vinaigre touche partout, emplissez-le à moitié de vin et laissez-le ainsi pendant 8 jours dans un lieu chaud. Au bout de ce temps, faites bouillir 4 autres litres de bon vinaigre, versez le dans le baril que vous achevez de remplir avec du vin. Un mois après vous pouvez vous en servir, mais plus il vieillit, plus il se bonifie et acquiert de force.

Observation. — On ne doit jamais mettre les vinaigres à la cave, parce que les émanations qui s'en échappent pourraient détériorer les vins. On ne bouche la bonde qu'avec un bouchon de paille, et chaque fois que l'on retire du vinaigre, on met une égale quantité de vin. On ne doit pas non plus employer de vin gâté pour cet usage, il n'y a que celui qui tourne à l'aigre ou le fond trouble des tonneaux que l'on puisse mettre sans inconvénient. Si on emploie du vin blanc, il faut avoir la plus grande attention de n'employer que des vins de garde et surtout qui ne graissent pas, car dans ce cas on perdrait le vinaigre. Si quelque circonstance vous obligeait à en tirer une grande quantité à la fois, et qu'ayant de nouveau rempli le baril, vous vous aperçussiez que votre vinaigre faiblit, il faudrait s'en procurer de bonne qualité, le faire bouillir et le verser bouillant dans le tonneau.

CLARIFICATION DU VINAIGRE DE VIN.

Si la clarification n'est pas parfaite en collant le vinaigre avec du lait bouillant, on aura recours à la filtration.

Installation du filtre.—Pour créer un filtre, on prendra un fût solide, en bois de chêne, bien sain et bien propre, de 5 à 6 hectolitres de capacité, tel qu'un demi-muid, ou une pipe.

Après avoir défoncé ce fût d'un côté, on le placera debout sur un siége élevé au-dessus du niveau du sol, de manière à pouvoir placer dessous un récipient quelconque. On fixera un robinet, ou cannelle de bois et non de métal, sur le devant du filtre à 5 centimètres au-dessus du fond.

Dans l'intérieur du fût, à 20 centimètres au-dessus du fond, on établira un faux-fond en bois, percé de trous de 2 à 3 millimètres de diamètre, espacés de 3 centimètres l'un de l'autre.

Ce faux-fond, ou diaphragme, percé de trous comme une écumoire, sera supporté par des pieds droits de distance en distance, ou bien soutenu par un cercle de bois fixé sur les parois intérieures du filtre. Ce cercle sera attaché avec des chevilles de bois et non avec des clous.

Le diaphragme étant bien ajusté et joignant aussi exactement que possible autour du fût, on étalera dessus une toile de laine à tissu peu serré, comme de la flanelle légère, neuve, bien lavée et sans odeur. Il faudra bien mouiller cette toile avant de la mettre en place.

Sur la toile de laine, on placera 30 centimètres de sable fin de rivière ou de carrière, bien lavé et humide. Ce sable proviendra de roches dures et siliceuses et non calcaires, afin que le vinaigre ne puisse le décomposer ni l'attaquer.

On tassera le sable légèrement avec une espèce de pilon en bois, afin de ne laisser aucun vide entre les grains de sable.

Au-dessus de cette couche de sable, on étalera une seconde couche de 30 centimètres de hauteur, composée de sable fin et de 20 kilogrammes de noir végétal ou charbon de bois grossièrement pulvérisé. On humectera le sable et le charbon avec de l'eau, et on les appliquera avec la précaution de bien les tasser.

Au-dessus de cette couche de sable et de noir végétal mélangés, on formera une couche nouvelle de gravier, de la grosseur d'un pois au moins.

On couvrira le gros gravier avec une toile de laine claire qui formera le dessus du filtre. Cette toile sera assujettie avec quelques gros cailloux espacés de distance en distance. Les choses ainsi disposées constitueront un filtre.

Manière de se servir du filtre. — Le filtre étant installé sur son chantier, on placera au-dessus un fût d'une capacité quelconque, qui, au moyen d'un robinet en bois, y versera le vinaigre à filtrer.

On laissera remplir le filtre bord à bord; on le couvrira avec son couvercle, dans lequel on aura ménagé une ouverture pour y laisser passer le bout de la cannelle ou du robinet en bois chargé de l'alimentation.

Le robinet placé au bas du filtre étant ouvert, le liquide traversera lentement les couches filtrantes de sable et de noir, et descendra dans la partie inférieure pour s'écouler dans le récipient.

La filtration devra se faire d'une manière continue, sans interruption et sans intermittence, si l'on a bien soin de veiller à ce que le fût à vinaigre trouble en fournisse constamment.

Les premiers liquides qui sortiront du filtre seront ou affaiblis par leur mélange avec l'eau retenue par les matières filtrantes, ou d'une limpidité douteuse; on les repassera en les portant au sommet du filtre avec un broc en bois.

Dès que la filtration aura pris un cours régulier et que le vinaigre aura acquis la limpidité nécessaire, il suffira d'entretenir l'alimentation du filtre et de recueillir dans le récipient le vinaigre filtré.

Quelques instants d'observation apprendront le degré d'ouverture qu'il faudra donner au robinet d'alimentation.

Aussitôt clarifié, le vinaigre sera logé dans des fûts bien propres pour être ensuite livré à la vente.

Vinaigres inclarifiables.

Remplir aux deux tiers un foudre pouvant contenir douze hectolitres, ou de plus petits vaisseaux si l'on a pas de foudre, avec des copeaux de hêtre bien nets. Jeter le vinaigre trouble sur ce lit de copeaux, laisser séjourner cinq à six jours, puis le tirer ; il devra être parfaitement clair et limpide. Dans le cas où il resterait encore un peu de louche, en le filtrant au noir végétal on l'obtiendrait non-seulement très-brillant, mais encore d'un goût plus affiné.

Vinaigre qui noircit à l'air.

La couleur noirâtre qui généralement ternit la nuance du vinaigre est due à la présence d'un sel de fer combiné à l'acide quercitannique de la futaille. Le contact de l'air, en oxydant plus fortement ce tannate de fer, en avive la couleur et communique au vinaigre une légère teinte d'encre. Cette combinaison de fer et d'acide quercitannique a dû se former par le séjour du vin blanc, avant son acétification, ou par le repos du vinaigre dans des futailles de bois de chêne ou de châtaignier, neuves et riches en matières extractives et en tannin ; il suffit qu'il soit tombé dans ces fûts un morceau de fer quelconque, un clou, ou que le vinaigre ait été en contact avec des vaisseaux en fer, avec un entonnoir rouillé pour qu'il se soit formé un sel de fer. La combinaison du sel de fer et d'acide quercitannique non soumise à l'influence de l'air est peu colorée, mais dès qu'elle reçoit le contact atmosphérique, elle s'empare avec avidité de son oxygène et se colore en noir. C'est par l'oxydation du tannate de fer que le vinaigre noircit à l'air.

Les causes de cette mauvaise coloration étant connues, il est facile de s'y soustraire en n'employant pour le vin blanc et pour le vinaigre que des fûts ayant, autant que possible, contenu précédemment d'autres liquides, c'est-à-dire ayant perdu l'excès de matières extractives et d'acide tannique que le bois contient. C'est ce qui explique la préférence que l'on donne généralement au bois des vieilles futailles pour la fabrication des quarts à vinaigre.

Dans la fabrication, comme dans la manutention du vinaigre, on ne doit jamais employer de vases métalliques, qui sont énergiquement attaqués par l'acide acétique; les entonnoirs et les tuyaux en gutta-percha, inattaquables par les acides, présentent l'avantage de coûter peu et de durer longtemps.

Pour guérir ce vinaigre, il faut prendre pour une pièce de 200 à 220 litres, 500 grammes de braise de boulanger, ou charbon végétal bien brûlé, la débarrasser des cendres et la réduire en poudre impalpable en la criblant au tamis de soie au sortir du mortier où elle aura été pilée. On incorpore cette poudre dans deux ou trois litres de vinaigre et lorsque le mélange est bien fait, on le verse dans le vinaigre par la bonde du tonneau. On agite bien, on roule au besoin la pièce, afin que le charbon pénètre partout intimement dans le liquide. On laisse reposer pendant vingt-quatre heures; le lendemain on collera le vinaigre.

Au bout de quelques jours, selon l'état de pureté de l'atmosphère, la gélatine se sera précipitée, entraînant avec elle dans la lie la poudre de charbon et la matière colorante du vinaigre, qui cessera d'avoir l'aspect noirâtre.

Vinaigres teintés.

Les vinaigres teintés par accident ou par toute autre cause, seront blanchis en faisant brûler la mèche soufrée dans chaque fût de vinaigre, après en avoir d'abord tiré trois ou quatre litres ; on fermera hermétiquement, afin de concentrer dans le liquide le gaz acide sulfurique, qui a pour effet de blanchir. On passera ensuite ce vinaigre sur du noir animal, et comme l'opération aura fait perdre au liquide un peu de sa force, on le remontera à l'aide de quelques litres de bon vinaigre blanc; dix litres, par exemple, pour un hect.

Vinaigre rouge à blanchir.

Pour produire la décoloration, on mélangera de bon noir végétal à ce vinaigre et laissera reposer ce mélange trois jours après l'avoir fouetté. La quantité ne peut être fixée, elle varie d'après le degré de coloration du vinaigre, on pourra essayer d'abord sur un ou deux litres. Terminer le traitement par un filtrage bien soigné.

MÉLANGE DES VINS.

On fait des mélanges, soit de vins communs, pour la consommation ordinaire, soit de vins fins qu'on sert généralement à la fin des repas et dont on ne fait usage que sur les tables de luxe.

On fait en général assez peu de mélanges de vins fins, mais on en fait beaucoup de vins communs; les mélanges peuvent avoir deux buts.

1° De corriger le goût ou autres qualités défectueuses d'un vin.

2° D'obtenir un vin que l'on puisse vendre à un prix inférieur à celui qu'il faudrait vendre nécessairement, sous peine d'éprouver une perte, l'un des vins ou même tous les deux, s'ils restaient à l'état naturel.

Les qualités constituantes d'un bon vin d'ordinaire rouge sont : 1° une belle couleur, 2° du corps, 3° du spiritueux, 4° surtout du goût.

Si donc un vin manque d'une de ces qualités, de spiritueux par exemple, c'est par le mélange d'un vin chargé en spiritueux qu'on arrivera à lui donner une plus-value. Si ce vin ne pèse que 6 degrés et qu'on veuille l'élever à 10, on le mélangera avec du Narbonne pesant 13 degrés. En mélangeant 3 parties du vin à 6 degrés avec 4 parties de Narbonne, on obtiendra un mélange qui pèsera 10 degrés.

Avantages que présentent les mélanges bien faits.

Supposons 10 barriques de vin de Cahors contenant 22 hectolitres 60 litres, payées 1695 fr., ce qui le met à 75 centimes le litre. Il n'est pas vendable tel qu'il est à cause de l'élévation de son prix. Mais j'ai dans ma cave 20 barriques de petit vin blanc, contenant 45 hectolitres qui ont coûté 912 francs, c'est-à-dire 20 centimes le litre. Ce vin est trop faible en alcool, défectueux de goût, il ne peut donc pas être vendu tel qu'il est; le seul parti à prendre pour tirer avantageusement parti de ces vins, c'est de les mélanger.

Proportion du mélange.

En prenant un litre et demi de ce vin rouge, et 4 litres du blanc, nous aurons un mélange qui reviendra à 35 centimes prix courant des vins ordinaires. De plus ce vin ainsi formé aura une couleur convenable et contiendra suffisamment de spiritueux. Donc en mélangeant ces vins dans cette proportion il sera possible de s'en défaire à ce prix, qui ne donne pas de perte. Mais si au lieu de le vendre 35 centimes je le vends 40 centimes le litre, j'aurai un bénéfice de 5 centimes par litre.

Manière d'opérer.

Après avoir déterminé, soit par le calcul, soit par des mélanges faits avec de faibles quantités à titre d'essai, les quantités qu'il y a lieu de prendre de chaque espèce de vin, on verse ces quantités dans une cuve. On agite à l'aide d'un bâton fendu en croix ou de tout autre instrument pouvant faire le même office, puis on fait passer ce vin de la cuve dans les fûts à l'aide d'un robinet dont cette cuve doit être munie. Cette opération terminée, on procède à celle du *fouettage* et du *collage*.

LES VINS DE PAILLE.

En dehors de l'Alsace et de la plupart des vignobles de l'Est où elle se pratique, la fabrication des vins de paille est à peu près inconnue dans les autres parties de la France. Tous les plants ne sont pas indistinctement bons pour cette destination, et le cépage convenable étant donné, il faut qu'il soit planté en terre forte, terre à froment.

A l'époque de la vendange, le raisin est cueilli et chargé avec soin. Arrivé au pressoir, on l'étend sur la paille, mais le plus ordinairement, il est attaché à des perches ou à des cordes dont le moindre coin de la maison est muni. Cette dernière méthode a un avantage, la visite des raisins est plus facile que s'ils étaient étendus sur la paille; avec un peu de soin on peut arriver à l'époque de l'égrappage avec un stock de raisins presque entièrement nets de grains pourris. Les raisins sont visités une dernière fois avant l'égrappage, les grains pourris sont conservés, mais les grains moisis sont soigneusement rejetés.

On procède à la fabrication à la fin de février. On foule dans des baquets de petite dimension, et en petite quantité à la fois, car le raisin étant arrivé à l'état de demi-dessiccation, ne pourrait pas s'écraser complètement, le centre de la masse résisterait à la façon des corps élastiques. Les raisins foulés sont entassés dans un fût maté sur un de ses fonds, et vingt-quatre heures après la fermentation a suffisamment ramolli la masse pour lui permettre de passer sous le pressoir.

Une barrique de vin de paille absorbe le raisin qui, avant la dessiccation en eût produit dix barriques. Ce n'est pas tout encore. Destiné aux tables royales ou bien encore aux tables épiscopales d'Allemagne, ce vin n'atteint son maximum de qualité qu'après une dixaine d'années au moins. A quinze ans il est encore meilleur. Et chose singulière, pendant tout ce temps il n'est ni ouillé, ni soutiré, ni même collé. Le soutirage serait difficile et les déchets excessifs, ayant à opérer sur un liquide sirupeux comme de l'or fondu. Quant à l'ouillage il est inutile; la grande quantité de sucre que contient ce vin le rend inaccessible à l'action de l'air, et partant inaltérable.

La richesse des marcs en matière sucrée les rend précieux pour remonter les vins blancs faibles ou malades.

TEINTURES,

esprits aromatiques et préparations diverses pour la fabrication et l'amélioration des liquides spiritueux en général.

Infusion de noix vertes.

Prenez une quantité de noix vertes cueillies avant que le bois ne soit formé, et qu'une épingle puisse passer à travers; vous les pilez et les couvrez avec de l'alcool à 60 degrés, de manière qu'elles baignent bien dans le liquide; vous fermez hermétiquement le vase qui contient cette infusion et laissez macérer pendant au moins 3 mois avant de vous en servir.

Contrairement aux autres infusions de fruits, celle-ci acquiert de la qualité en vieillissant.

Infusion de cassis.

Prenez une certaine quantité de cassis bien mûr; introduisez-la dans un tonneau et couvrez-la avec de l'alcool à 60 degrés; fermez hermétiquement et ayez soin de mélanger de temps en temps.

Si on désirait avoir une infusion forte en couleur, il faudrait écraser le cassis, l'introduire dans un tonneau, le laisser cuver 2 ou 3 jours et le couvrir avec de l'alcool à 86 degrés; on remue pendant quelques jours et on laisse macérer pendant au moins 2 mois avant de s'en servir.

L'infusion de cassis peut être rechargée plusieurs fois; la seconde charge doit se faire avec de l'alcool à 50 degrés et la troisième avec de l'alcool à 40 degrés. Lorsque la troisième charge est épuisée, on délaye le marc dans un peu d'eau et on le soumet à la presse; le jus qui en découle peut servir à la fabrication du cassis ordinaire.

Infusion de merises.

Prenez une certaine quantité de merises que vous écrasez et introduisez dans un tonneau ou tout autre vase pouvant se fermer et couvrez-les de manière qu'elles baignent avec de l'alcool à 86 degrés.

L'infusion de merises peut être employée pour remonter la couleur du cassis ou celle des vins qui en manquent.

Infusion de framboises.

Framboises bien mûres . . 10 kilogrammes.
Alcool à 86 degrés . . . . 10 litres

Ecrasez les framboises et laissez macérer pendant au moins 1 mois avant de vous en servir.

L'infusion de framboises peut être employée à augmenter le parfum du cassis, à l'amélioration de certains vins et à la fabrication de la crême de framboises.

Infusion de noyaux.

Amandes d'abricots. . . .	3 kilogrammes.
Alcool à 86 degrés	10 litres

Pilez les amandes, laissez-les macérer dans l'alcool pendant au moins 1 mois, passez à la chausse ou au tamis pour séparer les amandes, pressez et filtrez.

Pour obtenir l'esprit de noyaux, il suffit de distiller l'infusion ci-dessus au bain-marie pour en retirer 10 litres esprit de noyaux.

Infusion de coques d'amandes amères torréfiées.

Coques d'amandes amères.	3 kilogrammes.
Alcool à 86 degrés	10 litres.

Torréfiez les coques d'amandes comme du café et jetez-les, sortant du brûloir, dans un vase contenant l'alcool; fermez hermétiquement afin d'empêcher l'évaporation, laissez macérer pendant quelques jours, tirez à clair et filtrez.

Infusion d'iris.

Iris de Florence pulvérisé. . . 1 kil. 500 gr.
Alcool à 86 degrés. . . . . . 10 litres.

Laissez macérer pendant au moins 1 mois, en agitant de temps en temps; tirez à clair et filtrez.

Infusion de baies de sureau.

Baies de sureau bien mûres. 20 kilogrammes.
Eau commune. . . . . . . 1 litre.

Écrasez les baies dans l'eau et laissez fermenter pendant 3 ou 4 jours à une température ordinaire; pressez, ajoutez un cinquième en volume d'alcool à 86 degrés; filtrez et mettez en bouteille.

Les infusions de baies d'airelle ou de myrtille et de baies d'hièble se préparent de la même manière.

Ces infusions sont employées pour remonter la couleur de certains liquides et notamment celle des vins.

Infusion de vinaigre framboisé.

Framboises bien mûres . . . . . . 10 kil.
Vinaigre de vin rouge bonne qualité. . 10 lit.

Laissez macérer pendant au moins 2 mois, en ayant soin de remuer de temps en temps; tirez à clair, filtrez et mettez dans des bouteilles que vous conservez couchées dans un endroit frais.

Esprit de citrons.

Prenez les zestes de 100 citrons frais, que vous laissez macérer dans 10 litres alcool à 86 degrés pendant 48 heures; au bout de ce temps, vous ajoutez 4 litres d'eau et distillez au bain-marie pour retirer 10 litres esprit de citrons.

Esprit d'oranges.

Prenez les zestes de 100 oranges fraîches ; laissez-les macérer dans 10 litres alcool à 86 degrés pendant 48 heures et opérez en tous points comme ci-dessus.

Esprit de moka.

Café moka.	1 kilogramme.
Café martinique.	1 —
Alcool à 86 degrés. . . .	10 litres.

Torréfiez légèrement le café, pilez-le grossièrement; laissez macérer pendant quelques jours; ajoutez 4 litres d'eau et distillez au bain-marie pour retirer 10 litres d'esprit de moka.

Esprit de goudron.

Goudron de Norwége. . . .	250 grammes.
Alcool à 86 degrés	1 litre.
Eau commune.	50 centilitres.

Distillez le tout au bain de sable dans une petite cornue en verre ou dans un petit alambic d'essai pour retirer 1 litre de produit.

Essence de Médoc.

Prenez 10 kilogrammes de framboises bien mûres que vous pressez et filtrez ; mélangez ce suc avec 5 litres alcool à 86 degrés ; faites macérer séparément 1 kilogramme d'iris de Florence en poudre très-fine, 50 grammes fleurs de violettes et 100 grammes de goudron pulvérisé dans 5 litres alcool à 86 degrés, pendant au moins 15 jours ; au bout de ce temps, mélangez le tout, ajoutez 5 litres d'eau et distillez au bain-marie pour obtenir 10 litres d'essence de médoc.

La dose de cette essence à employer pour l'amélioration d'une pièce de vin de 220 à 230 litres est de 20 à 30 centilitres.

Conserve de groseilles.

Groseilles rouges bien mûres. . .	10	kilogr.
Cerises aigres.	1	—
Merises	1	—
Framboises. . . . . . , ...	1	—

Écrasez les fruits ensemble dans une grande terrine ; passez le jus à travers une toile, pressez le marc et réunissez les deux produits que vous placez dans un lieu frais afin de le laisser fermenter 24 à 36 heures. Lorsque la fermentation est terminée, ce qui se reconnaît lorsque la croûte qui recouvre le suc commence à se fendre et que le liquide est bien clair, ou que des moucherons voltigent au-dessus de la croûte, tirez à clair, filtrez, mettez dans des bouteilles solides, bouchez, ficelez et faites-les chauffer au bain-marie, en ayant soin de séparer les bouteilles avec du foin, où de les mettre dans un sac en toile jusqu'à ce que l'eau soit prête à bouillir; laissez refroidir dans cette même eau et enlevez les bouteilles que vous conservez dans un endroit frais.

En supprimant les framboises on aura de la conserve de groseilles ordinaire.

On peut faire telle quantité de conserves que l'on voudra en suivant les proportions établies ci-dessus.

Conserve de merises.

Prenez des merises très-mûres, faites-les fondre sur le feu dans une bassine en cuivre rouge non étamée et donnez-leur un bouillon; faites-les égoutter sur des tamis de crin et soumettez le marc à la presse; réunissez les deux produits, mettez en bouteilles, bouchez, ficelez et faites-les chauffer au bain-marie, ainsi qu'il a été dit pour la conserve de groseilles, en ayant soin de laisser bouillir l'eau pendant 2 ou 3 minutes; laissez refroidir les bouteilles dans l'eau qui a servi à les chauffer et enlevez-les en ayant soin de les conserver dans un endroit frais.

Cette conserve peut servir à augmenter la coloration des vins faibles en couleur, des sirops et des différentes liqueurs de fruits rouges.

Eau de menthe poivrée.

Menthe poivrée, fraîche en fleurs. . . 6 kilogr.
Eau commune. . . . . 20 litres.
Sel commun . . . . 150 gram.

Laissez macérer le tout et distillez à feu nu pour retirer 10 litres de produit.

Eau de marasque.

Merises bien mûres	10 kilogr.
Framboises bien mûres	2 —
Feuilles de merisier	600 gram.
Noyaux de pêches.	150 —
Iris de Florence en fleur.	500 —
Eau commune	20 litres.

Ecrasez les fruits et faites macérer le tout dans l'eau pendant 24 heures, distillez à feu nu et retirez 10 litres d'eau de marasque.

Eau de fleurs d'oranger triple.

Fleurs d'oranger nouvellement cueillies.	7 kil. 500 gr.
Eau commune	20 litres.
Sel commun	300 grammes.

Mettez l'eau et le sel dans la cucurbite; allumez

le feu sous le fourneau pour porter le liquide au point voisin de l'ébullition; mettez-y alors les fleurs en remuant soigneusement; recouvrez du chapiteau que vous ajustez avec le serpentin, lutez les jointures et procédez avec précaution à la distillation pour retirer 10 litres d'eau de fleurs d'oranger triple.

Si on voulait obtenir de l'eau de fleurs d'oranger simple, on n'emploierait que le tiers des fleurs; si on voulait l'obtenir double, on en prendrait les deux tiers.

Eau de roses triple.

Pétales de roses fraîchement cueillies . . . . 7 kil. 500 gr.
Eau commune . . . . 20 litres.
Sel commun . . . . 500 grammes.

Opérez en tous points comme pour l'eau de fleurs d'oranger.

Mèches soufrées ordinaires.

Prenez 1 kilogramme de soufre en canon que vous faites fondre; coupez des bandes de vieille toile d'une longueur de 20 à 25 centimètres et d'une largeur de 4 à 5; imprégnez-les de soufre fondu en les introduisant dedans à plusieurs reprises et conservez pour vos besoins, dans un endroit sec.

Mèches parfumées.

Prenez 1 kilogramme de soufre en canon, que vous faites fondre en lui ajoutant 75 grammes calamus aromaticus, 60 grammes fleurs de violettes et 60 grammes iris de Florence, le tout réduit en poudre très-fine ; vous procédez ensuite comme ci-dessus.

Mastic pour bouteilles.

Poix résine.	500	grammes.
Poix de Bourgogne.	250	—
Cire jaune	125	—

(Ou suif 50 grammes).

Faites fondre sur le feu dans une petite marmite en fonte ou un petit poëlon en terre la cire ou le suif, ajoutez ensuite les résines; lorsque le tout est bien fondu et mélangé, on trempe la partie saillante du bouchon et l'anneau du goulot de la bouteille dans cette composition, on lui imprime un mouvement de rotation, on la retire immédiatement et on la remet debout, on continue ainsi jusqu'à épuisement des bouteilles à mastiquer.

On peut avec la quantité ci-dessus goudronner de 2 à 300 bouteilles; lorsque le mastic est fondu on peut lui donner la couleur que l'on veut : rouge en y mettant du vermillon ou du minium, noir avec du noir d'ivoire, jaune avec de l'orpin, bleu avec du bleu de Prusse, vert avec de l'orpin et du bleu réunis.

On peut aussi se servir de goudron que l'on vend tout préparé et de la couleur qu'on désire; on le fait fondre sur le feu, ainsi qu'il a été dit, en lui ajoutant un peu de suif.

On doit faire fondre le mastic ou le goudron sur un feu très-modéré et le retirer sitôt qu'il est devenu liquide, sans cela on courrait le risque d'y mettre le feu, vu la facilité avec laquelle s'enflamme cette composition.

Lorsqu'on débouche une bouteille on doit apporter la plus grande attention à ce qu'il ne tombe pas le moindre atôme de mastic dans le vin ou dans le verre en servant, parce qu'il a l'inconvénient de communiquer une mauvaise odeur au liquide. Pour éviter cet inconvénient, on doit toujours, avant de déboucher une bouteille, couper le bouchon et le mastic avec un couteau et bien nettoyer l'orifice de la bouteille avant d'introduire le tire-bouchon.

Il est indispensable de mastiquer tout liquide que l'on veut conserver longtemps, attendu que le mastic a pour but d'empêcher les bouchons de se pourrir, de les garantir des insectes et de la piqûre des vers.

RÉACTIFS

Employés pour reconnaître les falsifications des vins, vinaigres, eaux-de-vie, liqueurs, sirops, etc.

Eau de baryte.

L'eau de baryte sert à reconnaître dans les liquides la présence de l'acide sulfurique, en produisant un sulfate insoluble.

Voici comment on prépare cette eau :

On introduit de la baryte caustique dans une fiole à médecine ; on verse dessus de l'eau distillée et on fait chauffer. Lorsque la baryte refuse de se dissoudre, on filtre la solution que l'on doit conserver dans un flacon bien bouché et toujours plein.

L'acétate de baryte fait reconnaître la présence de l'alun dans le vin en formant un précipité.

Eau de chaux.

L'eau de chaux sert à faire connaître les principes colorants du vin; on obtient un précipité jaune-brunâtre avec le vin naturel; rouge-brun si le vin est coloré par du bois de Brésil; vert s'il est coloré par les baies de myrtille ou de sureau, et jaune si la coloration est dûe aux betteraves rouges. L'eau de chaux se prépare de la manière suivante :

On éteint une certaine quantité de chaux vive avec 30 ou 40 fois son poids d'eau, après repos, on décante cette eau que l'on jette; on ajoute de l'eau une seconde fois, on mélange, on laisse reposer et on jette encore cette eau; on remet une troisième fois de l'eau distillée, on agite de temps en temps pendant le premier jour, et on laisse reposer. On décante et on filtre cette eau au fur et à mesure du besoin.

Acétate de plomb.

L'acétate de plomb ou sel de saturne permet de s'assurer de la coloration artificielle des vins; il précipite en gris-verdâtre le vin naturel; en bleu foncé lorsque le vin a été coloré avec des baies de myrtille ou de sureau, ou du bois de campêche; en rouge lorsqu'il a été coloré avec du santal, des betteraves rouges ou du bois de Fernambouc.

Acide tartrique.

La dissolution d'acide tartrique (10 grammes dans 20 grammes d'eau) fait connaître la présence de l'acétate de plomb dans l'eau de fleurs d'oranger, en formant un précipité abondant.

Acide sulfurique.

L'acide sulfurique fait reconnaître la présence de la litharge dans le vin, en occasionnant un précipité blanc, tandis que versé sur du vin naturel, il ne fait qu'aviver sa couleur, sans déterminer aucun précipité.

Alun.

L'alun fait connaître le principe colorant des vins; il donne un précipité violet-clair avec le vin naturel; violet-foncé si le vin est coloré avec du tournesol; violet-bleuâtre s'il est coloré avec du bois d'Inde; couleur de lie sale s'il est coloré avec l'hièble et le troêne; couleur rouge s'il est coloré avec l'airelle et la laque.

Sulfate de soude.

La dissolution du sulfate de soude (5 grammes dans 15 grammes d'eau, fait reconnaître la présence d'un sel de plomb dans un liquide.

Oxalate d'ammoniaque.

L'oxalate d'ammoniaque sert à reconnaître les eaux propres au mélange des eaux-de-vie.

Pour reconnaître si l'eau est de bonne qualité, il suffit de prendre une pincée d'oxalate pour un verre d'eau; si l'eau devient blanche, elle est impropre, étant chargée de parties calcaires et de chaux; si elle reste telle, elle est parfaite.

Papier tournesol.

Le papier tournesol fait reconnaître dans un liquide la présence d'un acide quelconque; il se colore en rouge plus ou moins foncé suivant l'énergie et la quantité de l'acide contenu dans le liquide.

Iode.

La teinture d'iode fait reconnaître dans les liqueurs et les sirops la présence de la fécule en produisant une coloration violette.

Alcool.

L'alcool à 90 degrés sert à reconnaître la quantité de gomme contenue dans le sirop qui porte ce nom. On verse dans le sirop un volume double d'alcool. Il s'y manifeste de suite un précipité blanc, floconneux qui est d'autant plus abondant que le sirop contient davantage de gomme.

Charbon animal.

Le charbon animal ou noir d'ivoire a la propriété de précipiter la chaux contenue dans un liquide.

Il jouit aussi de la propriété de décolorer certains liquides et sert principalement à la décoloration des sirops de sucre brut. Il possède aussi la propriété de saturer les alcalis.

Observation. — Toutes ces épreuves ne se font que sur un petit échantillon que l'on considère comme perdu. On ne doit pas en boire après l'essai.

TABLE DES MATIÈRES.

Pages

Pages

Pages

FIN DE LA TABLE

www.ingramcontent.com/pod-product-compliance
Ingram Content Group UK Ltd.
Pitfield, Milton Keynes, MK11 3LW, UK
UKHW022110260726
13993UKWH00001B/429

9 782019 982263